Messiaen à l'orgue

OLIVIER GLANDAZ

Messiaen à l'orgue

édité et présenté par

Jean Tain

Archimbaud
Klincksieck

isbn 978-2-252-03946-5

Les éditeurs dédient ce livre à Simon Adda,
musicien, remarqué et estimé par Messiaen

Présentation

I

Ce livre est le recueil des notes d'Olivier Glandaz, organier à l'église de la Trinité, entre 1981 et 1992. Il s'entretenait quotidiennement avec Messiaen. Ce dernier avait une très longue expérience dans ce lieu car il y fut nommé organiste titulaire à sa sortie du Conservatoire en 1931.

La musique d'orgue tenait une place spéciale dans la vie de Messiaen. Elle lui permettait d'exprimer sa foi profonde. Il avait eu pour professeurs au Conservatoire les grands compositeurs-organistes Charles-Marie Widor, Marcel Dupré et Paul Dukas. Il ne se voulait pas seulement l'accompagnateur de la liturgie, ses improvisations à partir de l'Écriture servirent de points de départ à son œuvre pour orgue. *La Messe de la Pentecôte* (1951) est une synthèse de ses improvisations spécifiquement écrites pour cet orgue, de même, *Le Livre du Saint-Sacrement* (1986) est « inspiré » par l'orgue de la Trinité.

Durant une si longue période de création, fortement liée à l'instrument et au lieu, Messiaen chercha à perfectionner puis à conserver la musicalité propre de l'orgue. Olivier Glandaz devint un collaborateur indispensable, il accordait les subtilités techniques aux réquisits de la création. C'est en interrogeant régulièrement Messiaen sur ses préférences instrumentales que l'organier de la Trinité a recueilli ces propos, conscient de leur importance et de leur originalité. Le dialogue entre l'organiste et l'organier dépasse cependant les seuls enjeux techniques.

Messiaen reconnaît son héritage musical. Il évoque ses œuvres pour orgue. Il nous dit ce qui se joue entre l'instrument, le lieu et l'interprète ; quel rapport organique les unit dans l'improvisation et l'interprétation. Il expose les nuances de son instrumentation. Il compare les instruments qu'il a pu jouer en Angleterre et aux États-Unis. Il rejette clairement les factures d'orgues néo-classiques, pour lui synonymes de régression. À l'évidence plus porté vers le répertoire et les instruments romantiques que vers le baroque, il dépasse cependant cette opposition en se tournant vers la nouveauté.

Étant donné la place d'Olivier Messiaen dans l'histoire de la musique contemporaine et pour beaucoup de jeunes musiciens, ce recueil de notes est un document précieux qui éclaire son processus de création. Messiaen insiste sur le nécessaire équilibre entre la conservation du style propre à l'instrument et les ajustements apportés. On remarque comme une constante son appel à la créativité, à l'innovation, dans la facture d'orgue et la musique. À travers les notes de son organier, il livre aux artistes une forme de testament musical dont il discute ici les conditions instrumentales. L'originalité sans compromis et une musique « colorée » en sont les deux principes. C'est l'accord entre ces volontés et la singularité de l'instrument* qui est le sujet de ces propos inédits. Avec sa sensibilité, son écoute, sa

* Les éditions Klincksieck ont aussi édité *L'Inventaire des orgues d'Île-de-France*. On pourra y trouver toutes les informations nécessaires sur les orgues parisiens dont celui de la Trinité.

connaissance de la musique et de l'instrument, Olivier Glandaz était, à propos de l'orgue, le plus proche et le plus fiable interlocuteur de Messiaen.

II

Pendant plus de vingt ans, l'éditeur Michel Archimbaud eut un lien affectif et de proximité géographique avec Olivier Messiaen.

Comme producteur délégué, il réalisa deux émissions à la demande de Charles Imbert, alors responsable de la musique à France 3. L'une prit la forme d'un entretien filmé au studio Messager de l'Opéra de Paris où Messiaen évoquait la création du *Saint-François d'Assise*. Cette production fut diffusée en décembre 1983 dans « Prélude à la Nuit ». L'autre, en coproduction avec Georges Bessonnet, et en duplex avec France Musique, eût lieu la nuit de Noël 1985.

Ce jour-là, les deux hommes eurent un nouvel entretien. Celui-ci fut publié hors-commerce pour les amis de l'éditeur et du musicien. Nous le publions ici en guise d'introduction. Messiaen y explique en détails la structure de son orgue, ce qu'il n'avait pas besoin de faire avec son organier, il évoque aussi sa poétique musicale.

D'autre part, une aventure éditoriale réunit les deux hommes. Le mozartien Jean-Victor Hocquard signala à l'éditeur l'analyse des *Vingt-deux concertos de Mozart**, écrite par Messiaen en 1964, pour une série de concerts au festival d'Aix-en-Provence,

* Ce texte se trouve aujourd'hui inclus dans le *Traité du rythme* publié aux éditions Leduc.

où Yvonne Loriod assurait la partie piano. Michel Archimbaud en assura la publication en tirage de bibliophilie, accompagnée d'une lithographie signée par le peintre Balthus. Le rapprochement n'était pas fortuit puisque Balthus a invité Messiaen alors qu'il était directeur de la Villa Médicis. Messiaen fut d'autant plus heureux d'honorer cette invitation qu'il échoua à trois reprises au Concours de Rome à sa sortie du Conservatoire, avant d'être nommé à la Trinité.

Michel Archimbaud proposa également au compositeur d'écrire un oratorio ayant pour sujet Camille Claudel. Messiaen fut enthousiaste mais vite détourné du projet par son épouse, la grande interprète Yvonne Loriod, qui craignait que cela ne le fragilise.

L'éditeur et le compositeur se rencontraient souvent au sortir de l'église de la Trinité. C'est là que Messiaen fit promettre à Michel Archimbaud de publier les notes de son organier. Il est heureux que la relation féconde qui liait le compositeur à l'éditeur puisse donner lieu à un nouvel ouvrage, grâce à leur ami commun Olivier Glandaz.

Jean Tain

Entretien avec Olivier Messiaen, 1985

Les débuts

Michel Archimbaud. – Comment se sont passés vos débuts à l'orgue ?

Olivier Messiaen. – Dès les premiers dimanches où j'ai joué ici, j'ai fait un peu scandale, parce qu'on était habitué, dans les églises parisiennes, dans toute la France, et je crois dans toute l'Europe, à une musique douceâtre qui venait directement du XIXe siècle, dans laquelle César Franck lui-même passait absolument pour le summum du modernisme, ce qui nous paraît impensable maintenant... Et comme j'allais beaucoup plus loin que César Franck, j'ai fait scandale dès le début, mais scandale auprès de quelques vieilles paroissiennes effarouchées qui se sont vite tues. Mais je tiens à leur rendre hommage, j'ai eu cinq curés successifs ici, et ils ont tous été gentils avec moi

Quand j'étais jeune organiste, je faisais chaque dimanche une grand-messe à 9 heures, une messe à 11 heures, une Messe des Fous où j'avais le droit de jouer ma musique – à midi – et les Vêpres où j'avais le devoir d'improviser les antiennes, les doubles d'antiennes après les psaumes et dans le Magnificat.

C'était le moment le plus heureux de ma vie. J'étais extrêmement heureux de faire des improvisations dans lesquelles je faisais corps avec l'Office, et je faisais aussi en semaine, hélas ! des convois et des mariages (ça, c'était peut-être moins amusant, mais enfin cela faisait partie du service). Et puis en vieillissant, j'ai pris un remplaçant pour les convois et les mariages, et malheureusement on m'a enlevé la Messe des Fous à midi. Je ne fais plus maintenant qu'une grand-messe à 9 heures et demie et une messe à 11 heures et quart. La grand-messe de 9 heures et demie est spécialement dédiée au plain-chant, et j'improvise sur le plain-chant. La messe de 11 heures un quart comprend de la musique chorale plus classique, alors je joue des pièces de tous genres : je joue du Cabezon, du Frescobaldi, du Nicolas de Grigny, du Bach, bien sûr, du Franck. Je joue aussi des auteurs modernes qui m'ont immédiatement précédé, les deux grands, Marcel Dupré et Charles Tournemire. Il m'arrive de jouer des auteurs encore plus modernes et de jouer aussi ma propre musique, mais c'est rare, j'improvise surtout... Par exemple, à la grand-messe, on ne chante plus jamais le graduel, et c'est moi qui le remplace : je prends le thème du graduel du jour, j'improvise dessus, en m'inspirant non seulement de la ligne mélodique de neumes, mais aussi du texte latin et de ce que le texte signifie...

Les chants d'oiseaux

MA. – Pourquoi les chants d'oiseaux occupent-ils une place si importante dans votre musique ?

OM. – Les chants d'oiseaux ont été mes refuges, et je crois qu'ils m'ont sauvé de tous les poisons environnants.

Depuis que je fais de l'ornithologie, je me porte beaucoup mieux. Je crois que ma musique a changé aussi. C'est une influence très grande, ce n'est pas celle de l'électronique, c'en est une autre, c'est une influence plus ancienne parce que les oiseaux ont existé avant nous (ils étaient là, sur la planète, avant que l'homme n'arrive), mais c'est une influence pacifiante, bienfaisante, joyeuse, et qui contrarie dans un certain sens... qui sert de remède à un esprit de recherche quelquefois trop poussé, et qui mène à des musiques grises, à des constructions grises, noires et sombres, sans espérance.

Les couleurs

MA. – *Il vous est arrivé d'évoquer les rapports qu'il pouvait y avoir entre sons et couleurs. Pouvez-vous préciser quels sont ces rapports ?*

OM. – Je vois des couleurs, dans ma tête, lorsque j'entends des sons... Je ne m'en suis pas aperçu tout de suite mais, quand j'avais vingt ans, j'ai rencontré un peintre suisse qui s'appelait Blanc-Gatti, qui était synopsiste, c'est-à-dire qu'il avait un dérèglement du nerf optique et du nerf auditif qui faisait qu'il voyait par les yeux des couleurs lorsqu'il entendait des sons et ces couleurs se superposaient au milieu ambiant. Par exemple, il a peint un tableau que j'ai chez moi et qui représente un orgue : on voit l'orgue, qui probablement est en train d'émettre des sons, on voit les tuyaux, puis, autour des tuyaux, on voit des cercles colorés, mauves, bleus, rouges, violets, extraordinaires. C'est ce qu'il voyait : il a peint exactement ce qu'il voyait. Alors, j'ai la même faculté (mais je ne suis pas malade) : je ne vois pas cela par les yeux, je le vois intérieurement, dans ma tête. Non seulement lorsque j'entends de la musique, mais même lorsque je l'entends intérieurement, lorsque je lis une partition, je pense en même temps des couleurs. Et bien entendu, lorsque je compose, je mets des couleurs dans mes compositions.

L'enseignement

MA. – Y a-t-il une sorte d'école de musique Messiaen? Avez-vous des disciples?

OM. – Je n'ai pas de disciples, je n'en ai jamais eu. Mon premier souci, quand j'ai été nommé professeur, était surtout de ne pas faire de petits Messiaen. Au contraire, chaque fois que j'ai vu arriver un élève dans la classe, je l'ai beaucoup regardé, je l'ai beaucoup questionné, j'ai regardé ses œuvres, j'ai essayé de découvrir sa personnalité, et j'ai surtout essayé de changer moi-même de peau pour me mettre dans sa voie à lui, et le pousser dans le chemin qu'il devait prendre. Ce n'est pas facile : cela demandait une grande faculté de renoncement. À chaque élève, j'ai dû renoncer.

La musique d'aujourd'hui

MA. – Qu'est-ce qui vous semble avoir été marquant dans la musique de notre siècle, et même en élargissant le champ de ma question, dans notre siècle tout court?

OM. – Il y a d'abord eu quelques-uns de mes élèves qui sont devenus des gens de génie et des chefs de file. Je vous citerai seulement trois noms que tout le monde connaît : Pierre Boulez, Iannis Xenakis et Karl-Heinz Stockhausen. Ce sont tout de même des gens très importants : je n'y suis pour rien, ils étaient doués et c'est tout, mais enfin, il se trouve que, par hasard, ils sont sortis de ma classe.

Mais il n'y a pas eu que cela, il y a eu d'abord le changement de climat du monde entier car, depuis cinquante ans, les moyens de correspondance et de diffusion ont énormément progressé. Nous avons maintenant ce que je ne connaissais pas dans mon enfance : nous avons des avions, nous avons des téléphones, nous avons le métro, nous avons la télévision, nous avons des disques, nous avons la radio, nous avons un tas de choses qui n'existaient pas quand j'étais enfant, dont j'ai vu la naissance.

J'ai vu les premiers cinémas qui étaient des cinémas dans la rue, sans parole, sans couleur, uniquement en noir et blanc, et uniquement scientifiques, et c'était dans la rue ; il n'y avait pas encore de salle pour le cinéma à ce moment-là.

Mais on peut dire, si l'on considère ce qui se passe maintenant dans le monde musical, on peut dire que ce qui a changé la face de la musique, c'est la musique électronique.

La musique électronique, on peut l'aimer ou ne pas l'aimer, on peut en faire ou ne pas en faire, moi, personnellement, je n'en fais pas : j'ai fait quelques essais malheureux, je ne suis pas doué. Mais la musique électronique a changé la face des choses : elle a amené de nouveaux timbres, une nouvelle conception de la forme, et elle a changé la façon d'orchestrer et de composer de tous les compositeurs, qu'ils soient électroniciens ou non. C'est donc une chose très importante et je crois que c'est ça qui restera du XXe siècle. On dira : cela a été le siècle de la musique électronique ; et, peut-être, dans les affaires, dans la politique, on dira : ça a été le siècle de l'ordinateur.

L'orgue de l'église de la Trinité

MA. – J'en viens maintenant à l'orgue de la Trinité. Pouvez-vous nous parler de cet instrument ?

OM. – C'est un très bel instrument qui a été construit par Cavaillé-Coll, le plus grand facteur d'orgue de tous les temps, probablement à la fin du XIXe siècle, en 1868, je crois. Il a été construit à peu près à la même époque que l'orgue de Sainte-Clotilde. Ce sont deux instruments frères qui se ressemblent un petit peu par la composition des timbres mais qui diffèrent beaucoup parce que le lieu n'est pas le même. L'acoustique n'est pas du tout la même à la Trinité et à Sainte-Clotilde : ici, nous avons un certain écho et un grand rebondissement de son. Je dois même vous dire que j'ai appris à bien jouer en écoutant les prédicateurs. Quand un prédicateur faisait un brouhaha incompréhensible, je me disais : ce n'est pas comme cela qu'il faut que je joue. Mais quand il faisait de grandes pauses, et que je l'entendais très bien, je me disais, il faut en profiter, je vais faire aussi des grandes pauses. Il faut savoir aménager les silences, quand on joue de l'orgue, pour être entendu dans un très grand édifice.

Il a été transformé trois fois depuis que je suis là. J'ai fait d'abord ajouter un certain nombre de mixtures et de jeux d'anches qui manquaient. C'était un instrument romantique, j'en ai fait un instrument mi-romantique : ni baroque, ni moderne. Il y a eu trois transformations, la première par la maison Mutin, la seconde par la maison Pleyel-Cavaillé-Coll et la dernière par la maison Beuchet-Debierre, qui a non seulement ajouté beaucoup de jeux mais qui, a en plus, (au grand scandale des amateurs de baroque) électrifié le touché, et l'a doté de combinaisons électriques, ce qui me permet de faire de grands changements de timbre très rapides, sans avoir besoin de recourir à des tireurs de jeux, et ce qui me permet aussi de jouer sans trop de fatigue des traits très compliqués et très difficiles. Car, au moment où j'ai été nommé, figurez-vous, par exemple il n'y avait pas de machine Barker au positif et, pour faire une trille au positif, il fallait presque jouer à coup de poing : c'était presque comme un carillon. Je fatiguais tellement que j'ai fini par renoncer. C'est pour toutes ces raisons que j'ai demandé l'électrification, et j'en suis très heureux, et je suis très heureux d'avoir des combinaisons parce que je peux improviser des choses très variées que je ne pouvais pas faire avant.

La chose principale des jeux de l'orgue, c'est les fonds de huit. C'est ce qui correspond au quatuor à cordes de l'orchestre. Je vais vous jouer des fonds de huit* : en voici sur le clavier de récit, qui est le troisième clavier *(orgue...)*, en voici sur le clavier positif, qui est le deuxième clavier *(orgue...)*, sur le clavier de grand orgue, qui est le premier clavier *(orgue...)*, et enfin avec la pédale *(orgue...)*. Maintenant ces fonds peuvent être augmentés du seize et du quatre, c'est-à-dire de leur octave grave et de leur octave aiguë. Je vous ajoute partout les seize et les quatre... *(orgue...)* : c'est la sonorité type de l'orgue classique.

* Pour les plans de l'orgue voir p. 97-99

Après, nous avons les jeux de mixtures mais, si vous le voulez bien, nous en parlerons en dernier, parce que c'est le plus intéressant et c'est le plus compliqué.

Alors, nous passons à la troisième famille, qui est la famille des jeux d'anche, ce qui correspond aux cuivres de l'orchestre : ils sont spécialement beaux. Je vais vous les faire entendre, peut-être séparément sans les fonds. Voici la trompette du récit *(orgue...)* : comme les jeux de fonds, cela peut être en seize ou en quatre, c'est-à-dire à l'octave grave ou à l'octave aiguë. Voici la trompette avec la bombarde de seize, le clairon de quatre *(orgue...)*. Vous voyez que l'on peut les traiter en accords. Je vais vous faire entendre maintenant la trompette du positif, qui est plus forte bien sûr *(orgue...)*. Voilà cette même trompette avec le clairon de quatre et le basson de seize, donc avec l'octave aiguë et l'octave grave *(orgue...)*. Et ici, dans cet orgue, nous avons – spécialement – une chose extraordinaire : c'est le basson de seize, qui est merveilleux pour évoquer les grognements de la bête de l'Apocalypse ou le dragon Fafner, ou toute autre chose épouvantable, grave et caverneuse *(orgue...)*. Voici les anches du grand orgue, la trompette du grand orgue *(orgue...)* spécialement belle *(orgue...)*. La voilà avec le seize et le quatre, donc l'octave aiguë et la grave, en accords *(orgue...)*. J'ai fait ça pour la démonstration. Il est rare d'entendre les anches sans les fonds : les anches seules ont une sonorité plus nerveuse que les anches avec les fonds, et c'est quand même assez beau, et cela vaut la peine parce que Cavaillé-Coll avait beaucoup soigné ces jeux d'anches.

Voici les jeux d'anche de pédale. Voilà la trompette *(orgue...)* avec le clairon *(orgue...)*, avec la bombarde *(orgue...)*. Voilà l'extrême grave. Maintenant que nous sommes là-dessus, je vais vous faire entendre le tutti de l'orgue... Je mets des jeux de fonds pour me permettre de passer des tutti aux jeux de fonds, et même je mets des jeux de mixtures... Voilà ! J'ai tous les claviers accouplés... et la pédale en tirasse sur les trois claviers... (tirasse, cela veut dire que, lorsque je joue une note de pédale, ça fait fonctionner en même temps cette note dans les autres claviers). Alors voici donc le tutti de l'orgue que j'obtiens avec une pédale crescendo (je ne sais pas si vous voyez ça, il y a des voyants lumineux qui s'allument et qui indiquent les différents degrés de crescendo). Voilà le fortissimo absolu *(orgue...)*. Ce qui est très beau ici, c'est qu'il y a cinq échos, dont il faut tenir compte quand on joue très fort *(orgue...)*. Je ne sais pas si vous percevez mais on entend cinq fois le même accord *(orgue...)*. Si ce sont des accords chromatiques très compliqués, il ne faut pas jouer trop vite parce qu'ils s'emmêlent... *(orgue...)*. Voilà, vous avez une idée du fortissimo. Maintenant, nous allons passer, s'il vous plaît, à la famille des mixtures qui, je crois, est la chose la plus originale d'un orgue, enfin tout au moins pour ceux qui ne sont pas organistes.

Les mixtures sont, en principe, je vous l'ai expliqué tout à l'heure, des jeux qui donnent un son harmonique et sont faits pour éclaircir un son fondamental... (Je vais tout enlever, cela sera plus vite fait.)... Par exemple, je vais vous expliquer ce que c'est qu'un jeu de cornet. Voici un jeu de cornet seul... *(orgue...)* : c'est un timbre spécialement beau et spécialement rond... Je vous donne le jeu tel qu'il est mais il y a écrit sur le registre « deux à cinq rangs » ce qui veut dire qu'il y a cinq tuyaux par note. Maintenant, je vais vous faire entendre la même chose en décomposé (cela sera plus facile à comprendre). Un jeu de cornet comprend donc le huit pieds (que voici), auquel j'ajoute l'octave (que voici), à laquelle j'ajoute la double quinte (que voici), et enfin la triple tierce (que voilà). Donc sur un do, on entend do/do/do/sol/do/mi... et cela donne une sonorité extrêmement claire qui est propre à l'orgue.

Je joue n'importe quoi : un trait *(orgue...)*. C'est une sonorité typiquement organistique.

Je vous ai expliqué tout à l'heure que ma grande folie c'est que, quand j'ai commencé à jouer de l'orgue, et cela m'a servi pour orchestrer, j'ai enlevé les sons fondamentaux et je me suis servi, par conséquent, des seules mixtures. Il m'est arrivé de faire des choses comme ceci *(orgue...)* : il n'y a pas le son fondamental. Je vais même vous enlever la double octave, ce sera encore pire *(orgue...)*. Je vous enlève tout maintenant, il ne reste que la quinte et la tierce *(orgue...)*. Cela paraît très bête quand c'est utilisé comme ça, tout seul, mais, utilisé dans la musique moderne, cela peut donner des effets absolument extraordinaires. Alors maintenant, opposée au cornet, nous avons la famille des pleins-jeux. Il y en a cinq dans cet orgue. Il y a d'abord la cymbale du récit qui a trois rangs, donc trois tuyaux par note (la voilà)... avec des reprises... Vous entendez : ça reprend, ce sont les fa dièse... Les reprises, j'explique ce mot : comme ce sont des sons très très aigus, on ne peut pas les continuer à partir d'un certain moment ; alors on reprend dans l'octave déjà parcourue, ce qui évidemment est peut-être une faute musicale mais une obligation de construction. Après la cymbale du récit, voici maintenant le plein-jeu ou la fourniture (c'est la même chose). Quatre rangs, soit quatre tuyaux par note, du positif *(orgue...)*. Et voici le plein-jeu du grand orgue *(orgue...)*, vous entendez les reprises... avec la cymbale, le plein-jeu à cinq rangs, dont cinq tuyaux par note... Et j'ai également un plein-jeu à la pédale, ce qui est rare, le voilà *(orgue...)*, la quinte s'entend très fortement (je joue un do mais on entend plus les sol que le do...). Il faut aussi parler de certains jeux particuliers qui sont des jeux isolés, des jeux de solo.

Il y a le hautbois, un jeu d'anche mais pas de la famille des trompettes, c'est un jeu d'anche qui se rapproche plus de la famille des bois d'orchestre, et celui de la Trinité est très joli *(orgue...)* et, chose très rare, on peut le jouer en accord avec la boîte fermée *(orgue...)*, je crois que vous irez loin pour trouver un hautbois de cette qualité, il y en a un de comparable à Sainte-Clotilde. Alors maintenant, nous avons comme autre jeu particulier la clarinette – c'est aussi un instrument d'orchestre – mais elle est surtout intéressante dans le grave...

MA. – Et qui a été mise sous expression à votre demande...

OM. – Absolument, c'est-à-dire que je peux l'avoir très forte dans le grave *(orgue...)*, maintenant, je vous l'éteins par la boîte... voyez-vous, il y a un grand dégradé, c'est vraiment très intéressant.

Quelles sont les autres choses extraordinaires? Il y a la voix humaine...

MA. – Que l'on nomme je crois la « chèvre » dans le milieu des facteurs d'orgue?

OM. – Oui, parce qu'on la joue avec le trémolo. Mais le père Bach, lui-même, connaissait ça. Ce n'est pas tellement hérétique *(orgue...)*, voyez-vous, le son tremble. Il y a aussi la voix céleste, c'est aussi un jeu particulier, c'est en réalité une gambe *(orgue...)*, voilà le jeu de gambe... auquel on a ajouté une autre gambe qui est désaccordée... alors le mélange des deux donne... une ondulation, un frottement analogue à ce que fait le doigt du violoniste sur la corde lorsqu'il fait du vibrato *(orgue...)*, c'est un timbre très particulier... ça veut imiter les cordes, mais en réalité c'est spécialement organistique. Alors ici, dans cet orgue, j'ai un effet extraordinaire que je vais vous faire entendre tout de suite : c'est le quintaton de seize solo, qui est un jeu légèrement « quitayant » et qui sonne dans l'octave grave. Je la mélange avec le nazard qui donne la double quinte du grand orgue, c'est un jeu analogue, mais c'est moins bien, et ça fait contrepartie, mais c'est toujours de la même famille. Voilà cet effet sur un fond de voix céleste *(orgue...)*, je vais vous faire, par exemple, ce que fait le rossignol *(orgue...)*. Aucun instrument d'orchestre ne peut donner ça.

Conversations avec Olivier Messiaen, 1981-1992

I – Le jeu

Olivier Glandaz – J'ai parfois l'impression que vous agissez comme un metteur en scène lorsque vous associez différents timbres de l'orgue au cours de vos improvisations.

Olivier Messiaen – J'ai un goût prononcé pour les images. Lorsque j'étais très jeune, vers l'âge de huit ans, j'ai lu tout Shakespeare, ce fut un choc esthétique très important pour moi. J'y ai découvert le sens du merveilleux, de la féerie, du surnaturel. Shakespeare m'a donné l'amour du théâtre. Certains jeux de mon orgue sont comme des personnages que je mets en scène, ils ont chacun un rôle, ce sont des personnages rythmiques. Par exemple dans la *Turangalîla-Symphonie*, je fais parler de nombreux personnages rythmiques.

C'est vrai qu'il m'arrive aussi de créer des scènes lorsque j'improvise. Certaines de mes registrations se veulent surnaturelles. L'Écriture est comme une légende qui serait vraie, et bien réelle. Lorsque j'exprime ma foi avec mon orgue, je crée des sonorités qui font apparaître les symboles et les allégories.

Je l'ai fait aussi dans beaucoup de mes œuvres, telles que *Trois Petites Liturgies de la Présence Divine*, dans mon *Saint-François*, et bien sûr dans le *Livre du Saint-Sacrement* où vous trouverez les registrations pour orgue qui illustrent ce que je vous dis. La finalité de mon langage musical est la même, j'y exprime ma foi – mais ici, je suis à mon orgue.

OG. – Lors de vos concerts d'improvisation ici, vous venez avec votre grande sacoche contenant des documents manuscrits. Ce sont vos thèmes ?

OM. – L'improvisation est quelque chose de très difficile et je prends mon travail très au sérieux. Je viens ici avec quelques notes de chants d'oiseaux, des annotations de rythmes afin de mieux la construire. Je n'ai pourtant pas la moindre idée de ce que je vais jouer trois secondes avant. Mes notes me permettent de visualiser quelques repères. Mais je peux aussi improviser sans mes notes. Improviser est extrêmement fatigant. Ce n'est pas un art que l'on pratique à la légère. J'ai la faiblesse de croire que je suis un bon improvisateur. J'évite d'improviser selon les strictes règles scolaires ou académiques, j'ai mon propre langage.

En visualisant mes notes, je peux préparer le combinateur de l'orgue selon les chants d'oiseaux, les rythmes que je souhaite faire entrer.

OG. – Vous faites souvent référence aux couleurs que vous percevez. Cela se ressent-il dans vos registrations ?

OM. – Je l'espère. Imaginez que je sois peintre, pourtant je ne sais pas dessiner, prenons un exemple : s'il me venait l'envie de peindre un ciel vert au lieu de bleu, et que ce vert soit marié à d'autres couleurs n'ayant rien à voir avec la couleur que nous percevons habituellement du ciel, je le ferais ! Rien ne m'en empêcherait. À l'orgue c'est pareil, j'ai à ma disposition une multitude de registres différents qui ont leur propre « couleur ».

Lorsque j'improvise ou même si je joue une œuvre du répertoire, je perçois intellectuellement des tas de couleurs. On appelle cela la synesthésie. C'est aussi cette perception des couleurs qui me fait mettre en scène tel ou tel jeu en créant mes complexes de sons. Certaines tonalités peuvent aussi orienter mes registrations à l'orgue. Il serait ridicule de penser qu'une association montre et nasard s'utilise de la même manière dans le grave que dans l'aigu, donc je n'en fais pas le même usage selon ce que je joue.

Beaucoup d'organistes diront pourtant qu'il est nécessaire d'ajouter tel ou tel jeu dans certains passages ; c'est une question de goût, je ne suis pas totalement d'accord avec ce principe. Il faut adapter les changements de couleurs selon la musique, l'effet recherché, le contexte dans lequel on joue ou l'atmosphère désirée et, bien sûr, selon l'instrument.

Maintenant si vous me demandez de jouer tel ou tel choral de Bach sur un orgue dit « classique français », je ferai ma propre sauce, sans tenir compte des avis extérieurs, et il en serait de même si je me trouvais aux claviers d'un orgue allemand. Il est probable que mon activité de compositeur m'amène à penser différemment les œuvres du répertoire ancien.

OG. – Vous ne craignez pas la critique ?

OM. – Non, pourquoi ? J'ai été très violemment attaqué dans mes jeunes années lorsque j'improvisais, c'était un drame pour moi. Mes registrations sont belles et très bien équilibrées. Les jeux de mon orgue sont vraiment très beaux et j'avoue avoir un plaisir immense à les utiliser, les mettre en valeur par des associations originales. Il m'arrive de jouer des ensembles de jeux très conventionnels et très classiques, mais lorsque je développe mon improvisation, j'aime jouer avec les complexes de sons, donc avec l'association de timbres que j'invente au moment même, ainsi qu'avec l'acoustique... Cette même association de jeux est variée selon les groupes d'accords que je vais mettre en scène dans ma musique. Ainsi, tel groupe de jeux n'est pas utilisable de la même manière que tel autre groupe selon qu'on joue dans le grave ou dans l'aigu, les couleurs changent. Je ne tiens compte que de ma propre sensibilité, de « mes » couleurs. Il en est de même si je joue le répertoire. Par exemple, avec un choral de Bach qui demande un vaste plan sonore de fonds, on peut très facilement ajouter la bombarde récit ou bien le basson 16 du positif. L'un ou l'autre apporteront une majesté particulière en se fondant merveilleusement avec la masse des fonds, sans qu'il faille ajouter une trompette 8. Je ne comprends pas les organistes qui veulent qu'une bombarde soit nécessairement accompagnée d'un trompette. Ils se cloisonnent dans une conception stérile.

On m'a déjà dit que certains auditeurs étaient choqués par mes interprétations du répertoire. Cela ne me semble pas justifié.

***

OG. – Parmi vos improvisations, je me souviens d'un Jeudi saint...

OM. – Vous songez peut-être aux couleurs terriblement sombres que j'ai utilisées. C'est un moment très fort pour l'organiste croyant que je suis. J'accompagne ce qui se déroule à l'autel, j'illustre les textes en musique. Le Jeudi saint est le début de la Passion du Christ, il voit ses apôtres pour la dernière fois, il sait qu'il va être trahi par Judas, c'est terrible. Ces moments de trahison, je les vis intérieurement et je les exprime comme je peux.

***

OG. – Vous avez été la cible de nombreuses critiques, parfois violentes. Était-ce pour votre musique orchestrale ou pour vos interventions dominicales ?

OM. – Les deux ! On m'a même reproché de suivre un courant néo-romantique, surtout dans mes premières œuvres. Je n'ai jamais écrit de musique romantique mais je n'ai jamais eu honte non plus d'être psychologiquement romantique car les romantiques connaissaient les beautés de la nature, ils voyaient grand. Et le principal reproche qu'on m'ait fait dans ce domaine, vise mon écriture pour orgue. On m'a dit un jour que ma toccata dans la *Nativité* était une déviance romantique.

OG. – Je suis allé à un concert d'orgue donné sur un instrument construit dans les années 1970, assez imposant, avec un grand nombre de jeux. Malgré un fort volume sonore dans les tutti, il semblait y manquer quelque chose. Est-ce que vous percevez les limites de ces instruments néo-classiques ?

OM. – Si cette tendance à revenir à l'orgue du XVIIIe siècle avait eu lieu à la fin du siècle dernier, il est peu probable que des compositeurs comme Franck, Widor, Guilmant, Vierne, Dupré, Tournemire, aient été inspirés comme ils le furent en jouant sur des Cavaillé-Coll. On n'est pas obligé d'apprécier chacun de ces compositeurs, mais ils n'auraient pas écrit de telles œuvres à partir d'instruments hybrides. On a probablement raison de rendre à l'orgue sa grande originalité, mais il ne faut pas lui enlever ses anches puissantes, ses jeux de fonds ronds et tous les apports de Cavaillé-Coll qui font de l'orgue un art vivant. Si on ne peut pas jouer les grandes œuvres puissantes, je perçois cela comme une lacune.

L'orgue doit pouvoir rendre les sentiments qui sont les nôtres, on doit pouvoir juxtaposer ces sentiments avec des mélanges sonores complexes. Une voix profonde, sombre, terrifiante, n'est possible qu'avec les grands instruments symphoniques.

Par exemple, imagineriez-vous mon *Apparition de l'Église Éternelle* ou *La Nativité* sur un instrument copié du XVIIIe ? Pas moi ! Mon orgue de la Trinité n'est pas hybride comme on m'en a fait le reproche ; c'est bel et bien un orgue romantique, j'insiste là-dessus, mais enrichi en couleurs. Des adjonctions, si elles sont bien conçues, et surtout si elles s'adaptent à ce qui existe déjà, ne dénaturent pas, elles colorent les timbres originaux de Cavaillé-Coll. Un organiste est tout à fait libre de ne pas les utiliser, mais il se priverait de bien des possibilités.

La volonté de construire des instruments classiques cherche à retrouver un art d'autrefois. Dans ces années, on a voulu avoir des instruments capables de rendre le répertoire ancien parce que certains se plaisaient là-dedans. Ce n'est pas blâmable en soi, mais ce qui l'est, c'est de cloisonner la création.

À cette époque, on tentait de faire des instruments aptes à tout jouer, avec des fonds, des anches et des mixtures classiques. On faisait parler certains instruments romantiques avec des pressions plus basses. Bien souvent le résultat n'est guère satisfaisant.

OG. – On a pourtant enregistré vos œuvres sur des orgues de ce genre.

OM. – Je suis content que ma musique soit interprétée sur des instruments variés. Et on jugera si l'interprète est doué en registration.

OG. – Vous indiquez les registrations dans les moindres détails. Cela n'enlève-t-il pas à l'organiste son rôle d'interprète ?

OM. – J'indique ce qui est souhaitable ici, à la Trinité, je donne des indications sur l'atmosphère voulue. Mais ce ne sont que des indications, l'interprète est libre de faire ce qu'il ressent.

***

OG. – Sur votre orgue, êtes-vous à la recherche de nouveaux mélanges ?

OM. – Le piano, qui semble généralement dénué de timbres, se prête justement à la recherche de timbres car ceux-ci viennent de l'exécutant. Les composantes de l'orgue permettent aussi de produire une grande variété de timbres. On peut associer des harmoniques seules – dont la fondamentale sera sous expression – et créer ainsi des mélanges superbes en accentuant plus ou moins certains sons.

Avec les classiques, nous sommes toujours en présence d'ensembles soutenus par le son fondamental. J'enlève ce son fondamental et je me sers des fausses quintes, des fausses tierces, en association avec les mixtures composées, ce qui donne des résonances artificielles. L'orgue n'est pas un instrument traditionnel contrairement à une vieille idée reçue, il est au contraire très moderne par le son qu'on peut obtenir avec les compositions de mixtures et les mutations.

Il faut travailler encore dans ce domaine. L'orgue n'est pas réduit à un son fondamental, c'est un monde sonore très riche dont nous n'avons pas encore épuisé toutes les possibilités. Lorsque j'en ai l'occasion, je fais encore des recherches d'associations de jeux, je joue parfois avec les « annulations », j'associe des anches douces (hautbois ou clarinette) avec des sons harmoniques, je soustrais des timbres pour en associer d'autres encore. Sur un orgue tel que celui-ci, on n'est jamais en perte de vitesse dans la création de mélanges sonores. Il y a toujours moyen de surprendre l'auditeur, de l'intriguer ; il se demande quels sont les jeux mis en association.

OG. – L'autre jour, au lieu de vous servir de la pédale de crescendo, vous avez construit votre progression sonore avec le combinateur.

OM. – La pédale de crescendo est fixe, le crescendo est construit d'une manière définie. Avec le combinateur, je construis un crescendo différent, je fais entrer le hautbois et la clarinette juste après le principal positif pour donner du mordant, puis la bombarde du récit avec des mutations.

OG. – Pensez-vous qu'on puisse associer les sons et les possibilités offertes par l'électronique aux sonorités d'un orgue ?

OM. – Aujourd'hui, certains timbres créés par l'électronique peuvent être intéressants, mais je n'ai pas eu l'occasion de travailler sur ce domaine, je le connais mal. On peut déjà associer l'orgue et l'onde Martenot qui est un instrument proche de l'électronique. L'association orgue et onde Martenot est très belle. Ma belle-sœur a déjà joué certaines de mes œuvres à l'onde Martenot en duo avec un orgue.

***

OG. – Quelle est votre approche avec les jeux de mixtures ?

OM. – C'est un domaine complexe. Je suis maintenant un vieux monsieur, mon approche avec les couleurs sonores de l'orgue aura évolué avec les années et c'est normal. J'ai joué dans ma vie bon nombre d'orgues, cela m'a permis d'entendre beaucoup de jeux différents, plus ou moins intéressants.

Ma perception des jeux de mixtures a aussi évolué. Lorsque j'étais plus jeune, j'aimais bien entendre des timbres très aigus, de nombreuses reprises. J'ai été très heureux, en 1965, de l'apport des nouvelles mixtures sur mon orgue mais aujourd'hui, si j'en avais la possibilité, je les composerais probablement différemment. Pour arriver aux sons aigus composés par les pleins-jeux ou les cymbales, il faut penser d'abord à soutenir le grave. Mais c'est aujourd'hui un vieil homme qui vous dit ça, avec l'expérience et la réflexion.

Les multiples reprises qui composent un jeu de mixture sont presque toujours faites aux mêmes endroits et sur les mêmes notes, cela tend un peu trop, à mon goût, à réduire le clavier à une seule octave qui se répéterait sans cesse. Mais je n'ai pas toujours pensé comme ça.

Ce qui est intéressant avec une mixture, c'est la luminosité apportée, une couleur originale, mais si l'on regarde l'ensemble de toutes les mixtures qui existent, elles se ressemblent souvent. On retrouve la plupart du temps les mêmes agencements harmoniques, octaves et quintes sur les do. Je trouve qu'il faudrait réfléchir à des mixtures qui apporteraient d'autres sons et pas toujours sur les do ou sur les fa.

Dans presque tous les instruments, c'est l'aigu qui est favorisé au détriment du grave; il est pourtant très intéressant d'avoir quelques harmoniques graves car elles peuvent apporter une très jolie couleur et permettre des combinaisons très originales. Dans ma perception des couleurs-sons, plus le son est grave plus il y a de noir dans les nuances de couleurs, plus on monte vers l'aigu, plus il y a de blanc et de lumière. Il me semblerait logique que les aigus tellement typiques des cymbales soient moins éclatants dans la partie grave du clavier. Je parle en « coloriste ».

Je n'oublie pas non plus les mixtures progressives de Cavaillé-Coll qui augmentent l'aspect ascensionnel de la gamme montante.

OG. – Mais vous avez fait modifier le plein-jeu progressif Cavaillé-Coll et c'est peut-être dommage, d'après ce qu'on sait du travail de Cavaillé, il semblerait que votre plein-jeu soit assez proche des pleins-jeux de Notre-Dame de Paris. Le grand orgue de Notre-Dame et celui de la Trinité sont sortis des ateliers de la rue de Vaugirard la même année.

OM. – J'ai fait confiance à Beuchet-Debierre et je ne le regrette pas. Pensez-vous qu'il faudrait revoir la sonorité du plein-jeu et de la cymbale ?

OG. – Je vous laisse en juger. N'avez-vous jamais entendu l'orgue de Notre-Dame avant qu'il ne perde son caractère ? Vous savez qu'il existe des enregistrements de Cochereau, à la fin des années 1950, et on y entend les magnifiques pleins-jeux de l'époque. Ces jeux avaient beaucoup de caractère, je les trouve bien plus beaux que les mixtures postérieures.

OM. – Bien sûr que j'ai entendu l'orgue de Notre-Dame avant l'électrification, mais il est difficile de revenir en arrière et mon instrument m'apporte des merveilles sonores. À défaut de véritables mixtures à la Cavaillé-Coll, peut-être installerez-vous un jour mes nouveaux jeux de mutation. Certes ils pourraient sembler peu communs à d'autres musiciens car ce sont des timbres qu'on rencontre souvent sur de grands instruments, mais cela me permettrait des combinaisons de jeux avec une écriture en complexes de sons encore plus colorés.

Un orgue n'est pas seulement un ensemble de fonds, de pleins-jeux et d'anches ; il faut aussi d'autres sons que les nasards ou tierces, toujours les mêmes. C'est pour ça que j'imaginerais assez bien un orgue dont l'un des claviers serait consacré uniquement à des jeux de mutations diverses, pour plus de nuances colorées.

***

OG. – L'autre jour, nous parlions de différents jeux. Je suis souvent surpris par les couleurs sonores que vous employez dans vos improvisations, ainsi que dans certaines œuvres du répertoire classique.

OM. – Je joue toujours selon la liturgie. J'adapte ma musique selon les différentes étapes dans l'année liturgique. Vous avez remarqué que toute la période précédant la Résurrection (Pâques), je n'utilise pas le tutti de mon orgue ni de couleurs claires, je les réserve pour clamer la Résurrection.

Mes registrations sont orientées vers des sons plutôt graves et dramatiques – mais colorés – et j'improvise aussi dans la partie grave du clavier. J'ai écrit pour pratiquement toutes les grandes fêtes liturgiques, mais je n'ai pas écrit de pièce concernant la Passion. Je l'improvise et j'ai du mal, car c'est terrible la Passion ; j'aime trop la joie. Pour la Passion, j'utilise des couleurs sombres, douloureuses, dramatiques et j'attends le jour de Pâques pour jouer des improvisations lumineuses, joyeuses, glorieuses, pleines d'espérance. J'adapte aussi mes rythmes.

Quant à la musique du répertoire, je suis aussi interprète comme d'autres organistes ou pianistes, je laisse donc libre cours à ma vision de l'œuvre ; je ne cherche pas à demeurer proche d'une vision historique ou figée, je veux rendre la musique vivante pour nos oreilles d'aujourd'hui.

Prenons l'exemple de la fugue. C'est le « divertissement » et la « strette » qui sont les éléments les plus propices à l'interprétation organistique. J'y crée des couleurs particulières. Il ne me viendrait pas à l'idée d'improviser une fugue sur un habituel mélange de jeux 8'4'2', sauf si j'utilise la pédale de crescendo.

Plus couramment, lorsque l'occasion m'est donnée d'entendre d'autres organistes improviser, ce qui est rare, je remarque que ce sont toujours les mêmes formes et formules qui sont utilisées, c'est un peu dommage. Il en est de même pour les registrations ; on entend très souvent les mêmes mélanges, la même cuisine ; on n'est pratiquement jamais surpris et pourtant l'intérêt de cet art de l'improvisation à l'orgue est aussi d'apporter quelque chose de nouveau, au lieu de le laisser benoîtement assis sans la moindre réaction. Créer une fugue à trois, quatre, cinq ou six voix, c'est dans le domaine du possible lorsque le musicien est doué, mais il faudrait là encore que l'artiste sache créer autre chose que la construction des différentes voix d'une fugue. Et même dans une fugue savante, il faudrait savoir apporter une couleur propre à chaque élément puis les fondre en un seul et beau développement. La forme traditionnelle ne m'intéresse pas beaucoup. Les grands improvisateurs contemporains sont des gens comme Jean-Jacques Grunenwald, Jean Guillou, Jean Langlais. Autrefois, il y avait le grand Charles Tournemire, puis Marcel Dupré, André Marchal, Rolande Falcinelli.

OG. – Et des compositeurs comme Camille Saint-Saëns, Louis Vierne, Guilmant,...

OM. – Je ne suis pas très amateur de cette musique, mais on a toujours dit que Saint-Saëns improvisait formidablement bien, tant au piano qu'à l'orgue. On a beaucoup dit que ses improvisations étaient très bien construites. On disait aussi qu'il était capable d'improviser dans n'importe quel style, dans toutes les formes. Widor n'avait pas un sens inné des savantes registrations, mais je le préfère à Vierne, sauf peut-être sa deuxième *Symphonie*. La registration ne faisait pas partie des impératifs de l'époque.

OG. – Mais vous avez joué du Widor.

OM. – Oui, quand j'étais jeune. Et figurez-vous qu'on m'en demandait. Il m'arrivait même de jouer la toccata de sa cinquième *Symphonie* ! Lorsque j'étais jeune, je la jouais à toute vitesse. Aujourd'hui, si j'étais vraiment obligé de la jouer, j'opterais pour un tempo bien plus lent.

OG. – Vous aimez parler de « coloristes » en évoquant certains compositeurs du XIXe siècle et du début du XXe...

OM. – Oui, certains d'entre eux étaient de formidables coloristes, on le voit bien dans les partitions. Ce ne sont pas seulement des compositeurs-organistes, mais des génies ; il y a Debussy et Dukas pour ne citer qu'eux...

***

OM. – Avec une certaine tendance au retour vers le passé, les réalisations d'orgues neuves n'incitent pas les compositeurs à écrire la moindre œuvre intéressante. Les instruments de Cavaillé-Coll ont donné naissance aux œuvres des Widor, Vierne, Dupré, Guilmant... et de votre humble serviteur.

Je suis très inspiré par mon orgue et mon inspiration serait certainement différente si je n'avais pas mon orgue tel qu'il est comme point de départ. Par exemple, dans ma dernière œuvre, lorsque j'utilise la partie grave de la bombarde du clavier grand-orgue, je l'utilise avec l'agressivité que vous lui avez donnée ces derniers temps. Peut-être l'aurais-je utilisée un peu autrement si sa sonorité avait été différente, je le suppose du moins.

Pour cette œuvre, vous m'aviez proposé de désaccorder très légèrement le premier do grave de la bombarde pédale afin que la note tremble et « gronde » un peu plus, comme s'il y avait des grondements de grosse caisse. Votre idée m'avait beaucoup étonné mais le résultat fut séduisant.

Vous savez que je repense parfois à ce que vous me disiez au sujet des jeux de mixtures qui se répètent sans cesse sur les mêmes notes. Faut-il avoir un regard neuf sur le sujet? Certains musiciens critiquent – par exemple – la présence d'une tierce dans un plein-jeu, mais rien n'empêche de posséder, sur un grand instrument, un autre plein-jeu sans tierce. Sur d'anciens instruments allemands, on trouve des harmoniques très intéressantes. De multiples possibilités sont offertes aux organiers s'ils font une recherche approfondie, il faut évoluer sans craindre la critique.

OG. – Pourquoi pas une « mixture variable », composable à volonté à partir de timbres qui seraient à sélectionner? Des rangs isolés pour composer une mixture ou une autre.

OM. – L'idée est intéressante mais vous n'arriverez jamais à obtenir un bon accord des tuyaux. Une fois vous avez accordé devant moi deux notes du plein-jeu grand orgue, et ce plein-jeu comprend la doublette. Si vous accordez la doublette séparément, l'accord du plein-jeu risque d'être différent. Je vous laisse imaginer pour des mixtures variables.

OG. – Vous me dites beaucoup aimer certains petits jeux de détail assez aigus, et pourtant vous affirmez votre amour de l'orgue grandiose, puissant et grave.

OM. – Oui, j'aime beaucoup rendre possible mes chants d'oiseaux qui sont l'une des plus belles choses de la nature et pour cela j'ai besoin de quelques timbres aigus.

J'aime quelques sonorités creuses et aiguës lorsque je cherche à décrire les grands glaciers ou d'autres images particulières. J'ai besoin aussi – et c'est nécessaire dans l'interprétation du répertoire – de quelques mixtures correctement étagées, possédant un réel équilibre vers l'aigu, il faut savoir ensoleiller un ensemble, sans agressivité.

OG. – Mais ces mixtures ont aussi leurs défauts…

OM. – La cymbale du clavier grand orgue n'est effectivement pas très bien agencée. Il y a peut-être trop de suraigus dans la partie grave du clavier. Ce jeu manque d'aspect « ascensionnel ». Je vous demanderai peut-être de la modifier.

***

OG. – Que pensez-vous du nouvel orgue de la cathédrale de Bourges?

OM. – Voilà un endroit où on pouvait créer un orgue grandiose et moderne, où au contraire on a construit un orgue à l'ancienne.

Une très bonne organiste voulait y jouer mon *Livre du Saint-Sacrement*, j'ai dû m'y opposer car on ne peut pas y jouer ma musique dans les meilleures conditions. C'est un orgue tout à fait apte à jouer le répertoire ancien mais sur lequel on ne peut même pas imaginer une sérieuse création contemporaine. Vous vous rendez compte des dimensions de la nef ? L'édifice est gigantesque, le buffet d'orgue est superbe ; on aurait pu créer un chef-d'œuvre et au lieu de ça, les organistes sont forcés de jouer le répertoire ancien.

OG. – On peut probablement y jouer Widor ou Dupré ?

OM. – On peut certainement le faire, mais ça n'a pas le caractère souhaité par les compositeurs.

II – Techniques

OG. – En vous observant jouer tous les dimanches, je me suis demandé quelles seraient vos registrations si vous vous trouviez sur un autre instrument, par exemple un orgue d'école classique.

OM. – Mon œuvre pour orgue n'est pas vraiment écrite pour être jouée sur des instruments baroques. Si j'indique à certains passages l'utilisation d'une trompette, j'entends par là un jeu aux sonorités rondes, puissantes, une anche d'esthétique, romantique comme on en rencontre chez Cavaillé-Coll ou Merklin. Il en est de même pour d'autres mélanges sonores que j'indique sur mes partitions. J'ai écrit mes œuvres d'orgue à partir de l'inspiration offerte par mon orgue de la Trinité et j'aimerais me rapprocher un peu de ses sonorités.

Lorsque cela n'est pas possible, il faut créer une atmosphère se rapprochant des éléments sonores que je donne sur mes partitions et c'est pour cela que j'apporte quelques notions qui illustrent des sentiments ou des images, comme des glaciers par exemple. En revanche, si j'emploie un jeu de flûte, il ne faut pas jouer avec une anche, une montre, ou une gambe. Sur chaque instrument, il faut s'adapter à l'orgue que l'on joue, recréer l'atmosphère décrite.

Quand je jouais à l'étranger, il me fallait beaucoup de temps, plusieurs semaines, pour connaître vraiment les équilibres sonores d'un orgue et ses possibilités en registrations. Il me paraît inconcevable de donner un concert sur un orgue avec lequel je n'aurais pu travailler de longs moments au préalable, ce ne serait pas sérieux.

Bien sûr, les palettes sonores diffèrent beaucoup de mon orgue de la Trinité et je me souviens d'un orgue énorme aux États-Unis où je dus modifier beaucoup de mes registrations. Les flûtes n'étaient pas du tout semblables, il en était de même pour la rondeur des fonds et l'éclat des anches. J'ai déjà eu des soucis avec quelques jeux qui me gênaient : les fonds se rapprochaient trop des gros diapasons de l'école anglaise, c'était un travail délicat car je ne retrouvais pas la rondeur, l'ampleur souple de la montre romantique française. Par goût, je suis plus sensible au principal français. Mais on trouve parfois des jeux d'anches très intéressants, qui parlent merveilleusement bien.

OG. – N'y a-t-il pas une beauté propre aux instruments classiques ?

OM. – Je n'ai pas dit que ça n'était pas beau, mais parfois un peu agressif. En Amérique, certains sons sont aussi étouffés par le manque de réverbération et on trouve de trop gros instruments dans des édifices souvent petits, qui manquent de la réverbération qui enrichit si merveilleusement le son. J'ai eu quelques problèmes avec les jeux d'anches en chamade. Ils sont souvent trop criards, trop forts, ils ne chantent pas assez et couvrent trop le reste de l'instrument.

Je me souviens avoir joué, il y a très longtemps, l'orgue monumental de l'église St John the Divine ; cet instrument a une chamade d'une puissance colossale. C'est trop fort, trop clinquant. J'ai préféré ne pas l'utiliser dans ma musique. Mais l'orgue reste très beau dans son ensemble.

OG. – Ne m'aviez-vous pas dit que vous aimeriez une chamade ?

OM. – Il ne faudrait surtout pas des chamades qui aient le caractère des chamades anglaises ou américaines. L'idéal serait une sorte de compromis entre les chamades de Saint-Sernin à Toulouse et celles de l'abbatiale Saint-Ouen à Rouen, mais sans ressemblance avec les chamades de Cochereau à Notre-Dame de Paris, ce style de sonorité ne serait pas du tout approprié à mon orgue.

Un jeu de chamade doit toujours s'intégrer parfaitement à l'ensemble et sans la moindre agressivité. À ce niveau, nombre de chamades me semblent ratées car justement trop agressives.

La couleur d'une chamade est particulière, mais elle ne doit pas non plus surpasser le reste de l'orgue. Il existe une chamade très réussie à l'orgue de la cathédrale de Senlis, je ne sais plus quel facteur l'a installée mais elle se mélange remarquablement au reste de l'instrument. Ne m'avez-vous pas dit un jour qu'elle est en réalité l'ancienne trompette du positif, installée ultérieurement en chamade ?

OG. – Oui c'est exact.

OM. – Eh bien c'est très beau, même si le reste de l'instrument semble décevant.

OG. – Même si l'orgue de la Trinité est un grand instrument, peut-être qu'un beau basson en chamade serait plus approprié. Ce serait plus doux, moins agressif et tout aussi chantant.

OM. – C'est vrai qu'un beau basson pourrait être superbe.

OG. – Un basson du grave à l'aigu, un basson plutôt ample du premier do au dernier sol ? Ne risque-t-il pas d'être trop faible ?

OM. – Je n'aime pas beaucoup les clairons en chamade, à cause de leur trop grande présence sonore dans la basse. Un clairon en chamade peut être redoutable dans certains cas, lorsqu'il est utilisé dans un tutti car les tirasses le font entendre au pédalier et il ne faut surtout pas que la présence du quatre pieds dans le grave surpasse les autres sonorités et c'est malheureusement trop souvent le cas.

On doit surtout entendre la basse du huit pieds, qui elle-même ne doit pas couvrir le grave des grosses anches de pédale. Pour moi, le quatre pieds doit toujours être plus doux, plus discret et néanmoins chantant.

C'est comme ça que je conçois une éventuelle chamade pour mon orgue. Vous me parliez de la très belle chamade à la cathédrale de Senlis – l'ancienne trompette Merklin du positif – c'est vrai que la couleur sonore de ce jeu est superbe, il n'y a rien d'agressif. J'aurais beaucoup aimé avoir une sonorité similaire. Je n'aime pas du tout les chamades tonitruantes ou agressives, c'est généralement assez laid, mais tout dépend aussi de l'édifice, de la base de l'instrument, sa taille, son style, etc. Si on prend l'exemple d'une chamade très puissante, il y a celle du Sacré-Cœur de Montmartre qui est assez réussie, mais elle est adaptée à l'édifice et à la taille de l'orgue. En revanche, elle serait totalement inappropriée ici.

OG. – Et une petite trompette comme celles du récit ?

OM. – Cela pourrait être un beau compromis.

OG. – En 1817 et en 1825, un facteur a installé une clarinette en chamade au positif de l'orgue de Sainte-Cécile d'Albi. Est-ce que ce genre de sonorité vous plairait ?

OM. – C'est original. Ce style de sonorité devait être superbe.

OG. – Il y avait aussi une seconde clarinette en chamade au clavier de grand orgue.

OM. – Des couleurs un peu comme l'ensemble des clarinettes 16-8-4 de Notre-Dame...

OG. – Oui, mais deux clarinettes 8 en chamades, pas de quatre pieds

OM. – Quel est le facteur qui avait fait cela ?

OG. – Antoine Peyroulous. Je ne connais pas ses autres travaux mais je trouve stimulante son idée de mettre deux clarinettes en chamade.

OM. – Je suis d'accord, mais dans ce cas ne serait-il pas plus approprié d'avoir deux clarinettes différentes ?

OG. – J'imagine qu'elles étaient différentes

OM. – Non, je veux dire une en huit pieds, l'autre en seize pieds.

OG. – Ce serait le principe des clarinettes de Notre-Dame, uniquement en deux jeux mais disposés en chamades.

Je crois que ces clarinettes existaient avant Peyroulous car le facteur Joseph Isnard y avait travaillé entre 1778 et 1779, je crois me souvenir que les deux clarinettes en chamades étaient là. Le facteur Puget les enleva et transforma complètement ce grand chef-d'œuvre classique.

OM. – Quel dommage ! C'est étrange comme souvent les sonorités les plus intéressantes disparaissent.

OG. – Dans les années 1840, l'orgue faillit être détruit et reconstruit par Cavaillé-Coll. C'est Puget finalement qui a refait l'orgue, avec beaucoup de jeux romantiques, en 1904. Puis Formentelli l'a reconstruit dans le grand style classique français, à la fin des années 1970. Je sais que l'école classique n'est pas votre préférée mais j'admire ce travail.

Tout à l'heure vous me disiez ne pas aimer les clairons, mais vous parliez des clairons en général ou seulement les clairons en chamades ?

OM. – J'aime bien certaines sonorités des clairons, ceux de la Trinité sont très réussis, mais certains clairons en chamades sont souvent criards avec trop de présence dans le grave.

OG. – Vous utilisez les vôtres ici ?

OM. – Oui, et je les trouve beaux, le grave de ces clairons n'est pas trop puissant. Ils ne sont pas en chamades et les anches quatre pieds de la Trinité ne sont pas agressives. D'ailleurs, aucun jeu ici n'est agressif, même dans les tutti les plus violents.

OG. – Pendant un temps vous utilisiez le clairon grand orgue en association avec le bourdon 16 et la cymbale, en jouant dans l'aigu.

OM. – Ce mélange permet de très belles sonorités pour certains chants d'oiseaux.

OG. – Ici le clairon du clavier grand orgue est harmonique dans l'aigu. C'est d'ailleurs l'unique jeu d'anche harmonique de tout l'instrument. La partie harmonique sonne en huit pieds.

OM. – Oui, Jacques Picaud m'avait fait la remarque une fois.

***

OG. – Pour revenir à la chamade, en souhaitez-vous une? Ne serait-il pas intéressant de la placer sur un nouveau clavier indépendant, pour multiplier les combinaisons possibles de chamades avec tous les autres jeux et plans sonores de l'orgue?

OM. – Ajouter un clavier signifie changer la console. Je ne suis pas sûr du bien-fondé de cette proposition. Certes, plus un orgue a de plans sonores et de claviers, plus c'est intéressant, à la fois pour l'interprète et pour l'improvisateur, mais un obstacle subsiste, c'est le coût.

Pour rendre cela acceptable, il faudrait proposer de placer la chamade sur le clavier grand orgue, comme c'est d'ailleurs le cas à Rouen, à Toulouse et sur beaucoup d'autres instruments.

Il y a surtout une autre adjonction qui serait bénéfique à la Trinité : une bombarde 32 pieds, mais je suis bien conscient que cela dépend de la place disponible dans l'instrument. Imaginez un peu les grands Bach...

OG. – Une anche 32 dans du Bach?

OM. – Dupré me disait qu'il n'hésitait pas à utiliser une anche 32 dans certains Bach.

OG. – Et ce 32 pieds, où le place-t-on ? Un jeu digital ?

OM. – Certainement pas ! Je sais que c'est très en vogue en Amérique, mais certains de ces jeux sont très laids et parfois très vulgaires. Le son donné par un tuyau est quand même beaucoup plus beau, et, surtout, ça n'est pas artificiel.

OG. – L'onde Martenot que vous aimez tant est pourtant un jeu qui se rapproche de l'électronique.

OM. – Ne confondons pas tout. Il me semble qu'un bel exemple à suivre, pour la Trinité, serait la belle sonorité de l'anche 32 pieds qui se trouve sur le Cavaillé-Coll de Saint-Sernin à Toulouse ou celui du Sacré-Cœur de Montmartre et l'exceptionnelle anche 32 à Saint-Ouen de Rouen. Il y a aussi la bombarde 32 de la cathédrale d'Angoulême.

OG. – À Toulouse, les tuyaux de la bombarde 32 sont faits en bois, au Sacré-Cœur ils sont en Zinc, à Rouen ils sont en étain, à Angoulême les tuyaux sont demi-longueur : le premier do ne fait que 16 pieds de haut, mais son anche est une anche 32...

***

OG. – Avez-vous envisagé une autre disposition dans l'ordre d'entrée des jeux de votre crescendo ? J'en ai une à vous soumettre.

OM. – Ce n'est pas simple. Comment faire, techniquement, si je souhaite ensuite remodifier ce crescendo ?

Il y a douze entrées successives sur mon crescendo ; je conserve ces douze degrés de progression. J'aimerais que la progression successive des entrées permette une grande souplesse, grâce à l'arrivé très tôt d'anches douces. Certaines mutations peuvent arriver aussi assez tôt et ne sont que des timbres flûtés. Bien sûr un tel plan de crescendo n'est une suggestion valable que pour la Trinité. Pour un autre orgue, il faudrait étudier attentivement tous les timbres un à un pour bien l'échelonner.

OG. – Il faudrait aussi adapter le crescendo aux répertoires anciens.

OM. – Cette progression de crescendo s'adapte fort bien au répertoire à partir du moment où on souhaite « créer ». Il me semble intéressant de pouvoir programmer soi-même la progression d'un crescendo selon l'instrument qu'on joue et selon la musique.

Dans ce domaine, tout est possible. Il suffit de tenir compte de la personnalité de chaque jeu, de la couleur spécifique de chaque timbre, de l'acoustique et surtout de l'esthétique générale de l'instrument.

C'est comme en peinture, l'artiste peut passer du rouge au bleu par différentes étapes, tout dépend de son travail.

Ici, je peux jouer avec la réverbération de la nef, je fais des staccato ou des legato, des guirlandes sur le clavier grand orgue, et même des frappés au récit, des soli à chaque clavier. On peut jouer déjà énormément de choses ici, même dans certains répertoires plus anciens, tout dépend si on est coloriste ou pas.

***

OG. – Que pensez-vous des technologies actuelles ?

Comme celles utilisées depuis quelques années dans les orgues, la fibre optique, les matériaux composites, l'électronique, etc.

OM. – Je ne connais pas bien tout ce qui se fait aujourd'hui. Je sais qu'il existe de nouveaux systèmes de traction de jeux, installés directement aux registres, ils sont silencieux et donnent de grandes satisfactions aux organistes qui ont ce système. Peut-être serai-je un jour content d'en bénéficier, mais lors d'un voyage à l'étranger, j'ai entendu dire que le système électro-pneumatique restait le plus fiable.

On m'a indiqué aussi que des facteurs utilisaient des matériaux synthétiques pour fabriquer les registres, pourquoi pas si cela permet une bonne conservation et un parfait résultat.

Pour moi, un orgue doit rester un instrument de musique traditionnel. Les facteurs d'orgues ont déjà une multitude de connaissances à maîtriser, je vois mal un facteur d'orgues être électronicien. Dans ce domaine, je reste tout à fait opposé à l'électronique.

Concernant les sommiers, les vergettes, etc. je suis tout à fait ouvert à l'idée que des facteurs fassent évoluer les matériaux, dans la mesure où cela offre une grande fiabilité.

À la Trinité, mes dominos d'appels de jeux sont bien en plastique, il n'y avait pas de plastique autrefois chez Cavaillé-Coll, pourtant mon orgue n'en est pas moins beau.

En Europe, beaucoup de facteurs ont déjà bien amélioré le confort des organistes avec les tractions électriques, mais je ne veux pas que l'orgue devienne un instrument aléatoire. Plus il y a d'éléments complexes, plus on augmente certains risques de panne ou de dysfonctionnement. Laissons à l'orgue ce qu'il a d'humain.

***

OG. – Sur l'orgue de la Trinité, à l'époque de son électrification, vous souhaitiez que tout l'ensemble du clavier positif soit mis sous « expression », mais cela n'a pas été possible pour des raisons de budget et pour éviter d'abîmer votre basson de 16. Mais n'aurait-il pas été intéressant d'avoir un quatrième clavier à la console, attribué seulement à ce positif expressif ?

OM. – Je suis partisan d'avoir le plus possible de claviers mis sous expression afin de graduer les paliers d'intensité à l'infini et d'enrichir ainsi tous les effets, mais il faut aussi savoir se contenter de ce qu'on a.

Plutôt que bouger un sommier ou un autre, je préférerais avoir quelques nouveaux timbres sonores mais comme on va bientôt restaurer l'intérieur de l'église et que cela prendra peut-être plusieurs années, je ne me fais pas d'illusions, mais j'exprime mes souhaits. Peut-être aurai-je la joie et la surprise d'utiliser un ou deux nouveaux jeux ?

En 1962-1965, lorsque mon orgue a été électrifié et qu'on a ajouté des jeux, j'ai eu un peu peur que mes ajouts soient la cible de violentes critiques. Personne n'eut rien à redire lorsque le sommier grand orgue, par exemple, a été légèrement réagencé pour permettre l'ajout de la cymbale.

Ainsi la montre 16, par exemple, est installée sur un rallongement du sommier, je ne connais pas bien le terme technique. Le sommier Cavaillé-Coll a donc été très légèrement modifié. Si on devait me reprocher quelque chose, j'interdirais qu'on touche à quoi que ce soit de l'instrument tel qu'il est.

***

OG. – Avez-vous déjà entendu parler de la transmission électrique proportionnelle ?

OM. – Je doute que cela soit intéressant pour l'écriture musicale. Vous savez, un do reste un do, quelle que soit la manière dont s'ouvre la soupape.

Lorsque j'écris mes œuvres pour orgue, je ne pense pas à ces détails. Le plus important, c'est un beau son !

OG. – Avez-vous apprécié certains timbres particuliers au cours de vos voyages en Amérique ?

OM. – Je n'ai joué finalement qu'assez peu d'orgues là-bas, mais je trouve qu'il y a parfois de très bons équilibres sonores. J'ai entendu de très jolies anches courtes et légères qui permettent des registrations très délicates, en association avec d'autres couleurs. Je me souviens de très beaux diaphones. Ce n'est pas un battement d'anche qu'on entend, c'est un disque métallique rond qui frappe une cavité, le son est amplifié ensuite par le résonateur. Ils sonnent parfois comme des variantes de bassons, ou d'énormes diapasons.

Je vais vous parler d'autre chose, qui va peut-être vous surprendre : si vous connaissez mes enregistrements de juin et juillet 1956, faits par Ducretet-Thomson et édités chez Pathé-Marconi, vous aurez entendu que l'accord n'était pas parfait, c'étaient pourtant de superbes sonorités.

Justement, je trouve qu'en Amérique, les instruments sonnent « trop justes », ils accordent avec des appareils électroniques et cela me gêne car c'est trop parfait et je n'y entends plus l'humain. Je suis toujours sensible au côté humain, avec ses faiblesses. Je suis touché d'entendre une pièce de Couperin ou de Grigny sur un Cromorne qui n'a pas bien tenu l'accord, répondant à quelques bourdons pas toujours parfaitement justes.

Vous savez qu'à l'époque de Cavaillé-Coll, de César Franck, de Widor ou de Vierne, à Notre-Dame, les instruments ne sonnaient pas complètement justes. Cela leur donnait une poésie inouïe, et je n'ai jamais fait de mauvaises remarques sur quelques notes qui pouvaient onduler ici ou là.

Bien sûr, je ne souhaite pas qu'un instrument soit faux, mais lorsqu'on a une flûte qui ondule un peu sur quelques notes avec un bourdon ou une autre flûte, c'est pour moi une superbe poésie.

Pour revenir à votre sujet américain, je ne suis pas adepte du son plat et sans vie. Je préfère les faiblesses humaines, plutôt que tous ces sons tellement justes qu'ils en perdent toute vie.

De même, j'aime le grandiose mais je suis contre le clinquant. Un jour, j'ai rencontré un organiste qui me disait avec fierté : « Les pressions de vent de mon orgue atteignent 400 millimètres ». Peu m'importe, je veux surtout que ce soit beau !

Je ne partage pas leur goût prononcé pour les jeux d'emprunt, c'est-à-dire avoir une trompette de récit qui se trouve aussi au clavier de pédale ou encore sur un autre clavier. Si tous les jeux peuvent se jouer à peu près sur n'importe quel plan sonore, c'est un peu comme si on réduisait l'orgue à un seul clavier. On aurait ici ou là un orgue d'une vingtaine de rangs – comme ils disent – pour créer ensuite 60 jeux.

En France, certaines maisons concevaient de cette façon, trop de jeux dédoublés peuvent nuire à un bon équilibre.

Techniquement, je ne connais pas bien ce système de rangs et de dédoublements. C'est peut-être pratique mais finalement assez peu artistique. Vous comprendrez que je m'attache essentiellement aux couleurs sonores des jeux.

Je tiens à avoir des jeux réels avec leurs couleurs propres et bien définies.

***

OG. – Un instrument possédant un système de pressions variables... cela vous semble-t-il nécessaire?

OM. – Pour changer je ne sais quoi dans la couleur ou l'intensité? Non, je ne pense pas que cela soit utile, ni que le résultat soit franchement satisfaisant.

En revanche, il est beaucoup plus intéressant d'avoir un maximum de claviers mis sous expression pour travailler sur cette graduation d'intensités. Si l'orgue est bien harmonisé, si le lieu diffuse bien le son, cela ne doit poser aucun problème. On obtient ainsi toutes les nuances possibles du pianissimo au fortissimo.

Cela devient intéressant pour l'organiste maîtrisant parfaitement l'art de la registration, qui peut ainsi associer différents timbres d'un plan sonore à l'autre en jouant sur les accouplements et les intensités par le biais des expressions. On peut alors nuancer certains timbres plus que d'autres, les claviers restant accouplés. C'est un vrai travail d'orchestration et on se rapproche du rôle du chef d'orchestre.

Il faut beaucoup travailler les registrations. On a cette chance, avec l'orgue, de pouvoir presque tout faire ; autant profiter des possibilités créatrices que l'instrument offre.

***

OM. – Je crois entendre un bruit à l'intérieur de l'instrument, comme une sorte de souffle. Regardez, je serai rassuré.

OG. – C'est un pli de gosier qui fatigue, je reviendrai demain pour colmater.

Il y a beaucoup d'instruments dans lesquels on peut observer ici ou là des usures de peausserie.

OM. – Ici à la Trinité ?

OG. – Non, en règle générale.

OM. – Mais n'ont-elles pas été changées en 1980 ?

OG. – Lorsque les peausseries semblent bonnes, inutile d'engager des frais. Certaines peausseries, ici, datent de 1901, au moment où Merklin fit des travaux. D'autres peausseries datent de 1934, lorsque Pleyel travailla à la restauration que vous avez demandée. Les peausseries employées à cette époque étaient mieux tannées qu'aujourd'hui.

Jacques Picaud était souvent confronté à cela, il n'aimait pas les peausseries qu'on lui fournissait car elles étaient tannées chimiquement.

***

OG. – Un organiste me disait avec fierté avoir joué un orgue de 200 jeux. Que penser de ces machines géantes ?

OM. – L'accumulation des jeux n'est pas toujours bienvenue. Je pense qu'une bonne moyenne pour un grand instrument consisterait entre 60 et 80 jeux.

Au-delà, il arrive que les sons se chevauchent et se nuisent les uns aux autres, il y a des tas de doublures souvent inutiles. Je ne pense pas qu'il soit nécessaire d'avoir dix jeux de gambes, dix jeux de flûtes, dix trompettes, ou dix seize pieds à la pédale. Il me semble bien plus utile d'être un bon registrateur afin de créer de bons équilibres.

Prenons l'exemple de l'Amérique, les organistes ont un goût prononcé pour les répétitions de jeux, ils accumulent partout des timbres très similaires, ce qui n'enrichit en rien la palette sonore. Ils additionnent les jeux dans des acoustiques souvent désastreuses et des édifices qui sont parfois assez petits, en dehors de certaines de leurs grandes cathédrales.

Le nombre minimum de jeux pour un orgue ne devrait pas être en dessous de quinze ou seize afin de créer une palette de couleurs sonores apte à un grand répertoire, et offrir de réelles possibilités en registration.

Je suis contre le principe des dédoublements de jeux, sauf dans quelques cas où il serait vraiment difficile de faire autrement. Je trouve dommage de constater qu'en Amérique, il existe autant d'orgues dont les jeux de pédale sont souvent empruntés aux claviers manuels, et qu'ils se dédoublent d'octave en octave. Il n'y a là aucun intérêt de couleur sonore.

Si un clavier doit reprendre les jeux d'un autre plan sonore, je n'y vois aucune subtilité ni un quelconque sens artistique.

Cela n'est pas uniquement aux États-Unis car on retrouve ce phénomène chez nous en France, sur des instruments construits dans les années 1940 à 1970. Je doute que nos anciens maîtres aient été inspirés par ce genre de dispositions car elles n'ajoutent pas grand-chose.

III – Le monde des orgues

OG. – Les registrations d'aujourd'hui ne sont-elles pas souvent peu originales par rapport aux possibilités qu'offrent les instruments ?

OM. – Avec l'arrivée de Cavaillé-Coll, notre pays s'est doté d'orgues vraiment nouvelles. Cavaillé-Coll a fait table rase, avec raison, des anciens principes pour donner une conception novatrice de l'instrument. Il créa des ensembles de fonds très riches, assez élaborés, différents de ce qui se faisait alors. Il développa la flûte harmonique qui donna cette couleur si particulière et si féminine. Il apporta aussi la trompette harmonique si riche en timbres et en couleurs. Il rendit plus expressif le grand récit et il travailla beaucoup sur les poumons de l'orgue : le vent. Lorsqu'il travaillait aux orgues de Notre-Dame de Paris ou de Saint-Sulpice, il conservait des jeux anciens, il apportait de nouveaux équilibres sonores. Il fut possible de jouer un répertoire nouveau. Par exemple, j'ai pu jouer du Wagner sur le Cavaillé-Coll de la Trinité, ce qui eut été impensable sur un orgue classique.

Les compositeurs du moment créèrent des œuvres qui font partie aujourd'hui de notre patrimoine culturel. Pourtant, lorsqu'ils jouaient du classique, ils se figeaient dans d'anciens principes. Quand Widor interprétait le répertoire classique, je n'étais pas sensible à ses registrations, elles étaient souvent incolores. Pourtant Widor était un coloriste.

C'était un peu semblable pour Louis Vierne, on retrouve souvent les mêmes crescendo, les mêmes ensembles de jeux, sauf pour quelques pièces de fantaisie.

Tournemire, quant à lui, était un coloriste génial, mais il affirmait par exemple que Franck n'était pas un bon organiste, qu'il jouait sans technique approfondie.

Vinrent ensuite Marcel Dupré, son enseignement et ses compositions. Il ne montra pas toujours un sens très élaboré des registrations et conservait des ensembles sonores assez conventionnels :

- les fonds
- les fonds et mixtures
- les fonds, mixtures et anches
- solistes : un hautbois, une trompette ou un cornet.

On ne peut pas dire qu'il ait été véritablement un « coloriste » sauf pour quelques pièces. Dans ses éditions de J.S. Bach, par exemple, jamais Dupré ne propose de registrations colorées, elles restent finalement assez standards. Les parties « solo » ne sont jamais indiquées par quelques savants mélanges avec du mystère et de la poésie.

De ce fait, aujourd'hui, lorsqu'on assiste à l'interprétation du répertoire ancien, nous ne sommes que rarement surpris par des registrations colorées et originales.

L'organiste se repose sur les principes acquis dans les conservatoires. Ce n'est pas parce que Dupré indique, dans ses écrits, qu'il faut jouer tel choral de Bach avec un cornet ou une trompette, que c'est pour autant une direction obligée. Il arrivait en revanche que ses propres improvisations possèdent des registrations colorées et parfois surprenantes contrairement à ses œuvres écrites.

Moi, lorsque je vois une indication de registration par Dupré sur les partitions de Bach, je préfère à coup sûr adapter ma propre vision de l'œuvre : c'est le rôle de l'interprète. Sinon il n'y aurait qu'une seule interprétation possible...

L'orgue en lui-même n'est pas standard. Il n'y a donc pas de registration standard. Rien dans l'expression artistique ne doit être standardisé ou uniformisé !

À chacun sa perception des sons, à chacun sa vision de la musique. Certains compositeurs contemporains ont tendance à créer des œuvres ayant pour seules indications des ensembles de fonds, mixtures et anches ; c'est dommage, mais leur but est peut-être que leur musique soit jouée le plus souvent possible, donc adaptable sur le plus grand nombre d'instruments possible, quels que soient le pays et l'esthétique de l'orgue.

Pour ma propre musique d'orgue j'explique avec précision toutes mes registrations dans mes compositions. Tout d'abord ces indications concernent l'orgue de la Trinité, ensuite elles donnent une idée de l'atmosphère que je souhaite apporter à mes œuvres, elles indiquent la disposition de mon orgue. Ce sera une indication si on est amené à jouer ma musique sur des instruments qui sont forcément différents du mien.

Par exemple, si demain je devais jouer l'une de mes œuvres sur le nouvel orgue de Saint-Eustache, vous comprenez que j'y adapterais ma registration aux nombreuses possibilités de l'instrument, à l'acoustique du lieu et à ce que je ressens intérieurement sur le moment, tout en conservant l'esprit.

Si demain je devais rejouer un orgue en Amérique ou en Allemagne, je consacrerais un temps important au travail de registrations pour me rapprocher le plus possible de ce que je souhaite. Dans de nombreux cas, il est impossible ou très difficile de retrouver les mêmes équilibres sonores qu'ici. Il devient nécessaire de s'adapter à l'instrument. Il faut essayer de retrouver une atmosphère qui se rapproche des images que j'expose. J'ai joué plusieurs fois en Amérique et chaque fois je dus travailler de longues journées pour les couleurs sonores. C'est un travail titanesque.

Et puis vous savez, les possibilités sont infinies, on ne peut pas dire dans l'absolu qu'il faille jouer de telle ou telle manière, la musique serait comme une eau morte si chacun ne pouvait apporter une petite note personnelle. Il faut que l'interprète sache avant tout ce qu'il veut faire lorsqu'il joue une œuvre.

Il m'est arrivé de demander : « Que voulez-vous faire de cette œuvre ? »

OG. – Peut-être ne laisse-t-on pas assez de place à l'émotion ?

OM. – Je me demande si cela ne provient pas de l'évolution de l'enseignement. On apprend aux élèves qu'il faut jouer tels jeux et pas d'autres pour telle ou telle œuvre.

On le remarque au moment des concours, les élèves n'envisagent jamais d'apporter leurs propres couleurs par crainte de ne pas avoir le prix ou le diplôme pour lequel ils concourent. On m'a rapporté récemment le cas d'un jeune élève en classe d'orgue qui a tendance à jouer « raisonnablement », sans surprise, et sans apporter sa vision personnelle. Il n'a pas la possibilité de s'exprimer véritablement. Il ne fait qu'obéir aux directives qui lui sont données par les professeurs pour obtenir un prix. Cela s'en ressentira plus tard lorsqu'il sera amené à jouer en concert, il aura du mal à oser autre chose que ce qu'on lui aura demandé durant toutes ses années de conservatoire.

OG. – Guillou est une exception.

OM. – Mais il n'est pas au conservatoire, il enseigne en cours magistraux, surtout à l'étranger. Il ouvre de nouvelles portes dans l'interprétation. Son enseignement, m'a-t-on dit, est remarquable. Je l'ai eu comme élève quand il était tout jeune, il était tellement doué qu'on ne pouvait être que modeste. Il a un grand sens de la registration, cela fait longtemps qu'il s'est libéré des standards.

***

OG. – Seriez-vous prêt à commander des instruments romantiques copiés de Cavaillé-Coll ou de Merklin ?

OM. – Si je ne suis pas un adepte de la copie d'instruments classiques, je ne puis l'être pour la copie d'autres styles. C'est le principe même de « copier » qui me gêne, cela montre une incapacité à créer.

Auparavant, il n'y avait jamais eu ces retours vers les siècles passés, je ne m'explique pas cette nouveauté étrange. Si on étudie la Renaissance, ce fut une période de re-création, et non pas de copies conformes.

De même avec le néo-romantisme, il est absurde que les adeptes du romantisme expriment leurs goûts par la conformité aux modèles.

OG. – À partir d'une base romantique, je crois qu'on peut ouvrir de nouvelles voies pour le futur, tout comme Cavaillé-Coll a élaboré l'orgue romantique à partir de ses recherches sur l'évolution de l'orgue du XVIIIe siècle.

L'orgue est trop complexe pour qu'il se stabilise dans un style, il y a trop de cultures différentes pour qu'il existe un orgue pour toutes les musiques.

OM. – On doit tenir compte du savoir de nos maîtres sans copier. L'orgue romantique est un sommet de l'évolution de l'orgue d'époques antérieures, mais rien n'est terminé. On peut s'inspirer de différentes choses apportées par le romantisme, mais personne n'est et ne sera capable de refaire un vrai Cavaillé-Coll, là je suis formel.

OG. – Des organiers du monde entier tentent de copier des Cavaillé.

OM. – Il me semble qu'on connaît bien les techniques de travail de Cavaillé-Coll ou de Merklin et leurs contemporains, mais personne de pourra jamais rendre le même son. Les frères Reinburg sont morts depuis très longtemps, ils avaient leur personnalité ; copier leur art, copier leur personnalité, c'est un fantasme.

Je le répète, il faut créer. Il est certainement possible de construire un grand orgue possédant des fonds, des anches aussi réussis qu'un Cavaillé-Coll, mais je crois qu'il serait bien plus intéressant de créer une architecture nouvelle dans la composition des jeux. C'est aux facteurs d'orgues de travailler là-dessus.

OG. – C'est un peu ce qui oriente le travail de Jean Guillou, non ?

OM. – Son livre* expose sa démarche. Certaines choses sont intéressantes mais il est bien plus jeune que moi, il a le temps de voir se réaliser d'autres de ses idées.

J'ai écouté des enregistrements et pour moi, je trouve certains jeux étranges. On n'est pas obligé de les jouer, mais il a de très bonnes idées.

Ses étagements sonores sont très intéressants, j'aime beaucoup lorsqu'il inclut des anches courtes et quand il mentionne

* *L'Orgue. Souvenir et avenir*, Buchet-Chastel, 1978.

les harmoniques de pédale. Mais pour les cornets parlant avec des tuyaux harmoniques, je ne partage pas du tout l'idée.

***

OG. – Les appels de candidatures pour les réalisations d'orgues neuves ou pour des restaurations posent souvent problème. Comment vous situez-vous par rapport à ces choix ?

OM. – Beuchet-Debierre était confronté à ce genre de préoccupation. Bien des décisions sont prises en fonction du prix le plus bas et très rarement en fonction d'un projet artistique. Si je prends l'exemple de mon orgue, électrifié entre 1962 et 1965, plusieurs concurrents se présentaient, mais je me suis fermement opposé à certains devis car une offre peu onéreuse cache souvent des faiblesses. J'ai insisté pour que Beuchet-Debierre obtienne les travaux et que les Picaud père et fils soient sur place.

Vous pourriez me demander pourquoi Beuchet-Debierre ; tout simplement parce que Eugène Picaud et son fils, Jacques Picaud, étaient dans la lignée de Cavaillé-Coll, et le travail de cette manufacture était solide et de très bonne qualité.

Bon nombre des instruments sortis des ateliers Beuchet-Debierre sont des exemples de parfait fonctionnement et ils sont faciles à utiliser, tout y est très clair. Mon ami Jean Langlais m'a précédé avec l'électrification de son orgue à Sainte-Clotilde, justement par Beuchet-Debierre, le résultat est parfait, il est entièrement satisfait.

Pour la clarté des consoles, j'ai en mémoire la photographie de la console construite pour l'orgue qui aurait dû être installée au Palais des Congrès, à Paris. Jacques Picaud m'avait montré une photo. La console était superbe, tout y était très accessible.

Malheureusement ce projet a échoué et l'orgue n'a pas vu le jour. La construction de cette console reste exemplaire.

Ce type de console avait été étudié par Maurice Duruflé, surtout pour ce qui concerne la disposition des dominos de jeux. Les principaux avec les principaux, les flûtes avec les flûtes, les mutations avec les mutations...

OG. – Vous n'avez jamais pris position ouvertement auprès des commissions consultatives concernant les restaurations à l'identique, les constructions d'orgues copiées des écoles du passé, etc.

OM. – On ne m'a jamais consulté... Récemment, on m'a demandé de faire partie de la nouvelle commission, cette fois-ci j'ai accepté en pensant qu'il y aurait peut-être quelque chose à faire, et pour parler de mon orgue.

En tout cas, j'ai confiance en Jean-Louis Coignet qui est ouvert à toutes propositions. En plus de son travail à Paris, il a voyagé dans le monde entier, je le crois très compétent.

Si je dois aller à une réunion, j'exposerai très clairement ce que je pense, en insistant sur le besoin de faire naître quelques orgues témoins de notre époque.

Je ne comprends pas qu'on refuse d'enrichir certaines de nos orgues avec des timbres nouveaux, c'est rester statique, renier l'évolution.

Concernant l'ajout des jeux, cela ne doit se faire qu'en tenant compte de la base de l'instrument existant. Il ne faut jamais des timbres Cavaillé-Coll ou Merklin, ni même modifier les jeux de quelques Cliquot. Enrichir la palette sonore d'un orgue romantique ne doit pas dénaturer l'harmonisation de base.

***

OG. – Que pensez-vous de cette photo de la nouvelle console à Saint-Eustache.

OM. – Elle est très belle. C'est intéressant cette machine Barker commandée électriquement lorsqu'on est à la console de nef. J'imagine que c'est une prouesse technique. Cela dit, si j'avais eu à donner un avis lors de cette réalisation, peut-être aurais-je opté pour une simple transmission électrique.

Vous êtes bien placé pour savoir qu'une mécanique est toujours sujette à de fréquents réglages. Il y a aussi le problème des écrous qui sautent, des équerres qui cassent, des soufflets de Barker qui s'usent.

La composition de cet orgue est passionnante pour certains détails. C'est très agréable de pouvoir entendre l'orgue sonner d'en bas. Mais personnellement, je ne sais pas si j'arriverais à jouer avec des tas de gens autour de la console pour me regarder jouer. Vous savez, je connais le trac, je crois que je serais très gêné et intimidé. À l'église, on joue pour l'office, pas pour être regardé.

Le principe d'une console de nef est intéressant, mais uniquement pour le concert. Pas pour l'office.

Pour assister à un concert d'orgue en regardant le musicien, nous n'avons que l'orgue de la Maison de la Radio, c'est tout.

OG. – Une disposition de console en nef pourrait amener un nouvel auditoire, le choix des programmes aussi.

OM. – Je sais bien qu'on est obligé de tenir compte des instruments pour jouer le répertoire, mais il est toujours possible de registrer originalement et créer de très belles registrations dans le répertoire ancien. Le répertoire est assez vaste pour ne pas avoir à jouer toujours les mêmes œuvres, on peut conserver un public sans le lasser.

Vous pourriez me répondre que je joue souvent les mêmes pièces durant l'office, mais c'est pour moi un problème de temps ; j'ai beaucoup de commandes à honorer et je dois travailler à la composition de mes œuvres.

Mais cela n'a pas toujours été le cas, vous savez que, dans ma jeunesse, j'ai eu un répertoire plus étendu. Mais à mon âge, il me faut poursuivre les commandes en cours. On m'a déjà reproché de jouer un peu trop souvent les mêmes *Noëls* de Daquin ou les mêmes chorals de Bach, mais je pense que je les joue bien, j'en offre une vision qui m'est propre, intéressante et colorée. J'ajoute que je souffre beaucoup des genoux à mon âge, et il m'est difficile de jouer certains répertoires ayant une partie de pédale complexe.

***

OG. – Dans le domaine de la restauration d'orgues, il existe en France deux procédures, l'une venant de l'État avec le ministère de la Culture, l'autre venant des municipalités. Dans les cahiers des charges imposés par l'État ou par les municipalités, le facteur d'orgue n'a pas – n'a plus – de liberté quant au choix des ses matériaux. Il est obligé d'employer telle essence de bois, telle colle, telle découpe de bois, tel genre d'assemblages, tel métal pour confectionner les ressorts… J'ai même entendu parler d'un appel d'offres simplement pour changer une vergette. Le dossier comportait plus de quarante pages pour changer une petite pièce.

OM. – J'ai lu une ou deux fois ces cahiers des charges. Cela m'échappe qu'on en vienne à disserter sur des petits détails mineurs comme le choix des matériaux pour les équerres. Ce que nous demandons, nous organistes, c'est que nos orgues sonnent bien. Je veux aussi pouvoir créer mes complexes de sons, et pour ça, j'ai besoin d'une palette étendue et surtout équilibrée, que l'orgue soit grand ou petit.

Il faut aussi arrêter de classer de façon arbitraire. La seule présence de trois ou quatre tuyaux d'origine incertaine suffit parfois à faire classer un orgue entier. Une fois qu'on a trouvé ces maigres indices, on en profite pour reconstruire l'instrument entier dans le seul style des fameux tuyaux, avec des accouplements à tiroir, peu ou pas de tirasses, des claviers courts. Un orgue n'est pas un meuble, c'est une œuvre d'art. On limite la variété du répertoire et la créativité musicale…

Il faudrait simplifier au maximum ces cahiers pour laisser une vraie liberté à l'artiste.

Ne m'aviez-vous pas dit qu'on envisage depuis longtemps de construire un nouvel orgue à Saint-Louis-en-l'Île à Paris ? D'après les échos qui me sont parvenus, il s'agirait d'un projet d'orgue à l'ancienne, sans tirasse, avec un accouplement à tiroir, pas de premier do dièse, etc. Que pourra-t-on y jouer, à part un répertoire très limité ?

Bien d'autres instruments sont victimes du même problème, je pense à la cathédrale de Reims, là où joua le grand Grigny, qui a un buffet d'orgue superbe. À la dernière reconstruction de cet orgue – je crois que c'était dans les années 1930 ou 1940 – on aimait la copie classique, ou plutôt une sorte de pseudo-néo-classique, et l'accumulation de petits jeux de faible taille. Une grande cathédrale comme Reims devrait avoir un instrument qui sonne grandiose, avec panache, de gros jeux puissants.

Pourtant je suis sûr qu'avec un peu de volonté et de travail, on pourrait offrir à ces instruments de superbes sonorités, recréer des sons appropriés à ces nefs majestueuses.

OG. – Dans un autre domaine, seriez-vous hostile à l'électrification d'orgues telles que des Cliquot, des Isnard ou d'autres du même genre ?

OM. – Oui, entièrement hostile. Ces instruments sont de trop importants témoins pour être électrifiés.

Il faut être respectueux de ces instruments qui firent la gloire de la facture d'orgue française au cours de ces grands siècles créatifs. Ce sont de véritables chefs-d'œuvre et il faut les conserver tels qu'ils sont.

Même si, par goût, je préfère les grands instruments symphoniques, je ne dédaigne pas du tout les grands chefs-d'œuvre anciens, je les trouve très poétiques pour certains d'entre eux. La musique jouée sur ces instruments ne nécessite pas une traction électrique. Je ne me vois pas en train d'accepter l'électrification du fameux orgue de Saint-Maximin de Provence ou de la cathédrale de Poitiers. Il y a quelques instruments comme ceux-ci auxquels il ne faut rien modifier. Ils sont un témoignage génial de certaines époques. Ensuite, l'orgue a évolué et d'autres chefs-d'œuvre sont nés.

OG. – En revanche vous n'hésiteriez pas à conseiller l'électrification de certains grands instruments du XIXe siècle, comme quelques géants de Cavaillé-Coll.

OM. – Oui, absolument, car certains d'entre eux sont lourds à jouer. On sait que les instruments du siècle dernier – les romantiques – possédaient des pressions de vent élevées et cela rendait parfois le toucher lourd. Plus les instruments sont importants et possèdent un grand nombre de claviers, plus ils sont difficiles à jouer. La musique qui était jouée sur les instruments du XVIIIe siècle, ne nécessitait pas de multiples changements de registrations aussi fréquemment que chez les romantiques ou aujourd'hui les contemporains. Je trouve qu'un grand instrument symphonique dont les transmissions sont électrifiées est plus aisé à jouer qu'avec la mécanique traditionnelle.

Il y a autre chose qui m'incite à encourager l'électrification des grands instruments romantiques français : leurs transmissions sont souvent assistées par des Barker qui souffrent rapidement d'une usure plus prononcée que les mécaniques traditionnelles. Mais cette assistance pneumatique est indispensable, vu la taille de ces géants, sinon ils seraient injouables. Une électrification complète, ou partielle, sérieusement réalisée, peut résoudre ces problèmes.

OG. – Il existe un mouvement qui s'oppose à une électrification des grands instruments symphoniques ou romantiques.

OM. – J'en suis conscient et je le regrette. C'est se priver de beaucoup de choses utiles et intéressantes.

Par exemple, à Saint-Sulpice, j'aurais électrifié le tout sans aucune hésitation, mais sans toucher à ses jeux, sans soustraction, sans adjonction ni aucune modification d'harmonie.

Cela pour maintenir la préservation de l'orgue de Widor et de Dupré. Mais si je devais tenir compte de mes souhaits personnels de compositeur, je modifierais quand même quelques timbres que je trouve un peu trop sombres et je crois que je serais tenté de modifier certains étagements harmoniques pour les mixtures.

Rendez-vous compte que cet orgue possède 100 jeux et que l'orgue est lourd à jouer avec tous les claviers accouplés. On ne peut pas vraiment faire de grande virtuosité avec des traits très rapides. Si une grosse firme américaine devait construire une copie de Saint-Sulpice, elle installerait une transmission électrique, c'est évident.

Un jour, mon maître Marcel Dupré était venu voir les travaux d'électrification de mon orgue de la Trinité, il avait déjà assisté à l'électrification de l'orgue des Invalides, quelques années auparavant. Nous étions dans la salle qui mène à la tribune et il me dit :

« Vous voyez, mon cher Messiaen, je me dis parfois que cela serait très bénéfique à Saint-Sulpice, mais on ne me le pardonnerait jamais. »

D'ailleurs, Rolande Falcinelli m'avait avoué qu'elle aussi était favorable à l'électrification de ces grands instruments, y compris celui du Sacré-Cœur.

Vous qui avez travaillé dix ans à l'orgue de Saint-Sulpice, vous devez probablement partager cet avis...

OG. – Je suis partagé entre mon respect pour cette mécanique immense et les avantages qu'apporterait l'électrification.

Je connais très bien cet orgue, jusqu'à son moindre écrou – il y en a 21 562 ! Peut-être qu'une électrification aurait vivifié ce géant, mais la conservation de sa mécanique Barker est aussi souhaitable comme témoignage.

***

OG. – Il y a certains organistes qui apprécient des jeux de mixtures comprenant les septièmes ou neuvièmes. Sachant cela j'aimerais bien savoir ce que vous pensez de ce genre de sonorité.

OM. – Notez que les jeux de septièmes existent depuis longtemps dans des instruments anciens en Allemagne. Ça n'est donc pas nouveau. Certains critiquent. C'est dommage car tous ces timbres peuvent être très beaux, on peut même les utiliser dans certains répertoires anciens, avec un certain dosage. Vous savez que j'ai insisté pour que les cornets entrent dans la pédale de crescendo. Ces jeux possèdent une couleur très chaude et enrichissent considérablement la sonorité. Les jeux de cornet, tierce, nasard – et autres harmoniques – offrent une rondeur et une chaleur intéressantes, c'est dommage de les négliger et de s'en priver. Ces fameuses harmoniques qui gênent certains font pourtant partie du développement naturel du son fondamental…

Bach lui-même avait à sa disposition des mixtures très complètes comprenant parfois les tierces. Lorsque je crée un tutti manuellement, c'est-à-dire sans faire appel à la pédale de crescendo, vous avez remarqué que je n'inclus pas systématiquement les cornets, mais j'y mets au moins deux des nasards dont je dispose ici. Je n'y mets pas tout de suite les Tierces, elles arrivent un peu plus tard, lorsque j'enclenche la pédale de crescendo, car j'avais insisté pour que les jeux de tierces soient inclus dans le crescendo ; elles arrivent d'ailleurs assez vite dans la progression du crescendo.

Lors de grands travaux sur les instruments, il ne faudrait pas que les facteurs se limitent toujours aux mêmes tierces 1 3/5 ou nasards 2 2/3.

Lorsque c'est possible, il faudrait varier les hauteurs de timbres, les disposer selon une nouvelle architecture sonore. Trouver un larigot, une tierce ou un nasard sur un clavier de positif n'a rien de nouveau, il faut créer sa propre « sauce » et disposer de belles couleurs mauves, orangées, rouge vif. C'est la raison pour laquelle j'aimerais avoir encore d'autres mutations sur mon orgue.

OG. – J'ai entendu dire que des organistes s'indignent lorsque des élèves ajoutent des cornets dans Franck.

OM. – Je ne joue pas de Franck mais il y a longtemps, lorsque j'en jouais – rarement –, je n'ai jamais hésité à inclure les cornets dans les grands tutti et personne ne m'a fait de remarque.

OG. – J'ai entendu parler d'une Française, qui faisait partie d'un jury à Rochester, dans l'État de New York, qui a refusé un prix à un excellent élève parce qu'il avait osé ajouter un cornet dans un tutti d'une pièce de Franck.

La coutume voudrait que pour un grand plénum, on ne mette que les principaux 16-8-4. Je vous vois pourtant ajouter bien d'autres fonds...

OM. – Chacun est libre de ses choix. Je suis coloriste, j'aime associer les couleurs, j'orchestre.

***

OG. – J'ai écouté un concert à Saint-Étienne-du-Mont, avec un autre instrument complètement refait par Beuchet-Debierre. C'était l'instrument de Duruflé. J'ai l'impression qu'on peut y jouer un répertoire assez vaste.

OM. – Cet orgue est intéressant, mais surtout dans sa réalisation par Beuchet, car Picaud m'avait expliqué que l'harmonisation n'a pas été faite par la maison Beuchet. Est-ce bien ou mal ? Je n'ai pas eu l'occasion de vraiment étudier cet instrument. Je suis étonné par le nombre de dédoublements au clavier de pédale. Parfois il vaut mieux avoir moins de jeux, mais que ceux-ci sonnent mieux, il faut rechercher la variété des timbres, pas l'accumulation des jeux.

OG. – La console est séparée du corps de l'instrument puisqu'elle se trouve sur la petite tribune latérale. On entend bien les mélanges sonores.

OM. – Oui, on entend bien ce qu'on joue et on entend bien les équilibres. Mais cette disposition était nécessaire car il n'y avait plus de place, le buffet est rempli partout.

OG. – Aux États-Unis, on rencontre beaucoup d'instruments dont les consoles sont mobiles et séparées des buffets.

OM. – L'utilisation des orgues diffère de chez nous. Là-bas, la priorité est donnée au chant choral et il est certainement plus confortable à l'organiste d'accompagner un chœur en étant proche de celui-ci.

Depuis Vatican II, la liturgie s'est considérablement appauvrie, le rôle du grand orgue est réduit, la place de l'organiste est bien moindre. Selon moi, la seule musique religieuse est le plain-chant, et elle n'a de sens qu'au moment du saint office. La musique liturgique est une chose, la musique religieuse en est une autre. Je vous renvoie au texte de ma conférence de Notre-Dame chez Leduc.

***

OG. – Quelle impression vous a laissée le monde de l'orgue en Amérique ?

OM. – Quel pays magnifique ! J'ai vu et entendu de merveilleux instruments, tous différents et fonctionnant très bien. Il y a beaucoup d'églises en Amérique, mais aussi beaucoup de cultes différents, les anglicans, les protestants, les évangélistes, les luthériens, etc. Dans l'Amérique profonde, on trouve aussi beaucoup de petits édifices.

Dans les grandes villes, j'ai joué le fameux orgue de St John the Divine qui est très beau – mis à part ses chamades qui sont beaucoup trop fortes – mais l'ensemble offre de belles possibilités. J'ai joué aussi à Washington (Immaculate Conception), à Los

Angeles, à NewYork, à Denver, à Boston, à Cleveland... L'orgue américain m'évoque une certaine grandeur. La richesse du pays est aussi exprimée dans ses instruments. On a l'impression que l'Américain souhaite montrer sa puissance économique à travers la puissance de ses instruments. Ils sont souvent disproportionnés par rapport aux lieux qui les reçoivent.

Je regrette aussi que dans un pays si intéressant, on cherche – comme chez nous, mais dans une moindre mesure – à retrouver des esthétiques du passé. Les Américains apprécient beaucoup certaines esthétiques allemandes et nos Cavaillé-Coll. Ils possèdent des moyens que nous n'avons pas pour construire des orgues neuves.

On trouve beaucoup d'instruments dans les universités et les collèges. Les églises reçoivent des sommes importantes par le biais de dons, legs ou héritages de paroissiens. Il n'y a pas, comme chez nous, de commissions consultatives.

Il y a en Amérique, comme partout ailleurs, des aspects sombres, mais les Américains ont cette qualité : ils sont accueillants aux créations. Ils ont aussi des adeptes de l'orgue ancien, mais ils ne bloquent pas de projets. Ils savent regarder devant eux et non pas derrière. Quand on construit un orgue par an en France, ils en construisent cinquante en Amérique. Je sais que le pays est beaucoup plus grand mais tout de même, on y crée beaucoup plus... En France, je ne vois pas qui pourrait faire des réalisations ambitieuses d'orgues neuves. Mis à part l'orgue de Saint-Eustache, qui est un cas exemplaire mais unique.

C'était le rôle des expositions universelles. Les facteurs pouvaient y montrer leur ingéniosité et leur créativité.

L'Amérique comporte beaucoup d'instruments différents car la population est très cosmopolite et variée. On y trouve des orgues d'une multitude d'écoles : anglaises, hollandaises, espagnoles, allemandes (Nord et Sud), baroques, classiques ou romantiques, françaises, etc. Mais il semblerait que les Américains aient une admiration particulière pour nos grands instruments romantiques français, inspirés de l'esthétique Cavaillé-Coll.

***

OG. – Il n'est pas rare d'entendre des disques pendant les offices dans certaines paroisses, même avec des orgues en parfait état de marche.

OM. – C'est dommage pour les musiciens, pour notre culture et surtout pour l'Église catholique, pour le sacré. L'orgue touche au sacré et il faut respecter sa place.

Il arrive de plus en plus fréquemment d'entendre des disques ou des cassettes. On dira qu'un disque est moins cher qu'un organiste à l'occasion d'une cérémonie, ceux qui font de tels choix soustraient tout un aspect du sacré.

OG. – Le système « *replay* » est aussi utilisé de plus en plus. Pour les orgues à traction électrique, cela permet de faire jouer l'orgue tout seul sans que l'organiste soit aux claviers. Il joue une œuvre et ensuite l'instrument la rejoue tout seul.

OM. – Peut-être ce système peut-il offrir quelques avantages dans la composition, mais si cela doit mettre en péril la situation d'organiste, je préfère ne pas voir progresser cet appareil.

Le renouveau de la liturgie change le rapport à l'instrument. On se passe parfois du grand orgue qui apporte pourtant de la majesté et du panache aux grandes fêtes.

Le grand orgue ne soutient presque plus la foule dans les Credo, les Kyrie, les Sanctus, les Gloria... Le grand orgue tend à perdre son rôle au profit de guitares, de percussions qui ne sont pas des instruments liturgiques.

Un autre aspect qui m'inquiète, ce sont les mauvais chants composés par de mauvais musiciens. Ici, je joue moins de messes qu'avant et lorsque je viens le dimanche matin, j'entends une chorale qui chante faux.

Nous avions des chantres qui étaient payés par la paroisse et aujourd'hui nous avons des bénévoles qui ne connaissent rien au grégorien. Vous avez connu Trajan Popesco, le maître de chapelle, vous vous souvenez qu'il travaillait beaucoup pour la beauté de la liturgie. Il se donnait du mal pour programmer de beaux répertoires. Nous avions du grégorien et l'église était pleine.

***

OG. – Dans certains programmes de concerts, vous êtes cité comme compositeur liturgique. Comment situez-vous la musique liturgique ?

OM. – La musique sacrée peut être liturgique, religieuse. Je mets la musique religieuse au-dessus de la musique liturgique car la musique liturgique n'a de contexte qu'au sein du service du culte, dans l'église, tandis que la musique religieuse touche tout, car Dieu est partout. La musique liturgique actuelle devrait nous éblouir, or je suis loin d'être ébloui car elle n'est pas colorée, elle est sombre, mal construite, pleine de fautes. Je doute fort que tout ce qu'on entend aujourd'hui corresponde aux musiques et aux couleurs citées dans l'Apocalypse.

***

OG. – Vous n'avez jamais écrit de concerto avec orgue...

OM. – Je n'ai pas d'affection particulière pour la forme du concerto. Pour moi, cette forme n'est pas la plus intéressante. On n'a jamais fait mieux que Mozart et Beethoven.

On m'a demandé, il y a longtemps, de jouer lors d'un concert avec trompette et orgue à la Trinité. J'ai tout d'abord refusé, mais on m'y a obligé. J'ai dû improviser sur les airs qui étaient joués par le duo trompette et orgue, j'en ai un épouvantable souvenir. On a dû penser que mes improvisations se limitaient à ces petites mélodies. Je n'étais pas content du tout. Le duo utilisait l'orgue de chœur qui à l'époque était encore en tribune au-dessus de l'autel. C'est la forme même du concerto qui me déplaît.

Cela dit, ma *Turangalîla-Symphonie* pourrait presque être un concerto, avec l'énorme participation du piano et de l'onde Martenot, mais ça reste une symphonie.

***

OG. – Êtes-vous sensible aux ornements des buffets?

OM. – Ce n'est pas primordial. Les architectes des futures églises devraient plutôt se pencher sur le problème de la hauteur des tribunes. Dans beaucoup d'églises et de cathédrales, les orgues sont logées trop haut dans les nefs. C'est le cas, par exemple, à Amiens ou à Notre-Dame de Paris, je crois que l'orgue va bientôt entrer en phase de restauration ou de reconstruction, il serait intéressant de rabaisser la tribune, surtout avec les moyens techniques d'aujourd'hui. Sinon on se priverait d'intéressantes opportunités. On aura beau augmenter le nombre des jeux, cela ne servira à rien puisque la hauteur de la tribune fait perdre à l'auditeur une bonne partie des sons qui se répandent dans les hauteurs de la voûte.

On rencontre aussi ce phénomène à Saint-Sulpice, la tribune n'est pas trop haute mais le buffet est beaucoup trop chargé, le son ne peut pas sortir librement. On a voulu espacer un peu plus chaque tuyau de façade, mais l'ensemble de l'instrument est classé aux Monuments Historiques et personne n'obtiendra l'autorisation de modifier le buffet.

OG. – Mais l'orgue de la Trinité est, lui aussi, un peu haut…

OM. – Ce n'est pas faux, l'orgue est situé dans une niche, mais la nef est moins haute que dans d'autres églises et aussi un peu moins longue de quelques mètres. L'acoustique y est tellement exceptionnelle qu'elle coupe court aux critiques. J'aime beaucoup la manière dont le son s'y diffuse ! Il y a ici une chose très bénéfique, c'est cette niche qui renvoie merveilleusement le son vers l'auditeur. On entend le grondement des basses de bombarde qui se réfléchissent sur le plafond de la niche. Cela donne un très bel effet.

***

OG. – Nous parlons beaucoup d'orgue mais vous êtes aussi pianiste et vous avez beaucoup composé pour le piano.

OM. – Ces deux instruments n'ont aucun point commun. Le piano est un instrument à cordes percutées, l'orgue un instrument à vent. Le piano ne comporte qu'un nombre limité de cordes, l'orgue possède un grand nombre de tuyaux.

Si vous jouez un piano, même bien accordé, dans une grande église comme ici, concertant par exemple avec d'autres instruments, vous aurez la sensation d'entendre des sons qui sonnent faux car les sons tournent dans l'édifice, ils se chevauchent et parfois se nuisent. Un son frappé n'est pas approprié ici, dans une grande église à l'acoustique généreuse.

OG. – Dans l'une de vos pièces : *Îles du feu*, il y a une toccata très pianistique. Joueriez-vous à l'orgue quelque chose de similaire ?

OM. – Je l'ai déjà fait, en improvisation. Mais j'avais composé cette œuvre pour le piano, avec les nuances permises par le piano. À l'orgue, je n'aurai pas du tout les mêmes. Le passage toccata serait jouable mais pas du tout le reste de cette œuvre, c'est typiquement pour le piano.

OG. – Quand vous composiez la *Turangalîla Symphonie* pour grande formation, avez-vous essayé quelques thèmes à votre orgue ?

OM. – Dans ces années-là, l'orgue n'était pas en excellente forme, il y avait souvent des cornements, des notes qui se coinçaient. Mais j'avais essayé quelques thèmes, on m'en avait d'ailleurs fait le reproche, car l'auditeur trouvait cela trop moderne à l'orgue.

OG. – Pour *Jardin du sommeil d'amour*, j'imagine que vous utilisiez les ondulants et les magnifiques flûtes harmoniques.

OM. – C'était seulement une expérience. Mais vous savez, dans ce genre, il y a l'*Ascension*.

***

OG. – Il y a quelques années, je travaillais pour votre ami Jean Langlais à l'orgue de Sainte-Clotilde, l'instrument de Franck et de Tournemire.

OM. – Cet orgue n'a pas la même poésie, il ne parle pas de la même manière que celui de la Trinité. J'y ai joué très souvent lorsque je remplaçais Tournemire, j'ai même oublié une fois d'éteindre le moteur de la soufflerie et le lendemain le moteur était tout rouge ; je n'ai rien osé dire à Tournemire… C'est pour ça que vous me voyez prendre tant de précautions ici avant de quitter ma tribune.

Je préfère l'orgue de Sainte-Clotilde avec les mixtures que Langlais a ajoutées et avec l'électrification, car il était très dur à jouer et il a été admirablement complété en nouveaux jeux. Mais pour moi, l'orgue de la Trinité surpasse celui de Sainte-Clotilde par sa poésie et son mystère. À Sainte-Clotilde, on ne retrouve pas totalement cet aspect. Il n'a pas ce tutti fracassant que j'ai ici, mais l'orgue de Sainte-Clotilde reste un très bel orgue. On dit souvent que ces deux instruments sont comme frères, moi-même je l'ai dit et écrit. Même si ce sont de magnifiques instruments, l'acoustique des deux églises diffère.

***

OG. – Les orgues de salon disparaissent. Le dernier que j'eus l'occasion de voir fut celui que j'ai démonté chez Nadia Boulanger, en 1980, avec Jacques Picaud, c'est dommage...

OM. – Moi-même je n'ai pas de véritable orgue chez moi, je n'ai pas la place, je travaille sur un vieil électronique, il n'est pas beau mais cela me permet de travailler avant de venir à la Trinité. C'est vrai qu'on ne rencontre plus ces merveilleux petits instruments, c'était pourtant très fréquent dans les salons parisiens au siècle dernier et jusqu'après-guerre.

Certaines personnes organisaient des concerts privés en fin d'après-midi ou le soir dans de grands hôtels particuliers, on y rencontrait des musiciens ou des compositeurs renommés.

Chez Dupré, il y avait un grand instrument, initialement construit par Cavaillé-Coll lorsque la maison était habitée par Guilmant. Dupré organisait souvent des auditions, des concerts.

***

OG. – À propos des orgues en Europe, Aristide Cavaillé-Coll était d'origine espagnole du côté de sa mère et il a amené en

France la chamade, qui est tout de même un jeu typiquement hispanique…

OM. – Mais Cavaillé-Coll n'a pas construit en France d'instrument espagnol. Il a jugé intéressant d'apporter une couleur et une présence supplémentaires, en plaçant certaines anches horizontalement, comme en Espagne, mais les chamades espagnoles ont une couleur sonore qui est très particulière, elles sont très différentes des chamades de Rouen ou Toulouse.

Peut-être serait-il intéressant – dans certains cas – d'apporter certaines anches « douces » disposées en chamades telles que des dulzaina qui sont un peu comme un compromis entre le cromorne et la voix humaine. Sur certains grands instruments romantiques, on pourrait fort bien imaginer un jeu comme les clarinettes en chamade à la cathédrale d'Albi.

***

OG. – Regrettez-vous particulièrement certains orgues de concert ?

OM. – On a détruit un orgue très intéressant, celui de l'ancien Trocadéro, construit par Cavaillé-Coll. La salle avait une mauvaise acoustique mais l'orgue était extraordinaire, son tutti était une véritable explosion sonore. Il a été remonté à Lyon mais pour moi le résultat est raté. On a supprimé aussi l'orgue des salle Pleyel et salle Gaveau.

Les instruments de salle de concert permettaient une approche plus directe entre l'instrument et le public.

À la salle Gaveau par exemple, c'est triste d'avoir ce buffet blanc et or qui reste désespérément vide. Il faudrait une belle programmation pour faire revenir le public, il n'y a pas besoin d'un gros budget. À une époque, la programmation du Studio 104 de la Maison de la Radio était très complète et variée, le public venait aux concerts, de moins en moins par la suite. À l'époque du grand Cavaillé-Coll du Trocadéro, les concerts faisaient salle comble, moi-même j'y ai joué.

Un autre aspect me semble primordial : l'acoustique des salles de concert n'est généralement pas bonne pour l'orgue. L'orgue est un instrument qui demande de la réverbération, c'est comme ça qu'il sonne le mieux.

***

OG. – En France, les orgues de chœur sont souvent réservés à l'accompagnement des chants, certains sont pourtant très beaux par eux-mêmes.

OM. – Oui, il existe quelques instruments de chœur tout à fait remarquables et sans aller bien loin, le petit Cavaillé-Coll de la Trinité est tout à fait honorable. Lors de mes voyages, je suis rentré dans beaucoup d'églises et j'ai entendu aussi bien de grands instruments de tribune que des orgues de chœur au cours des offices. En Hollande par exemple, on trouve des orgues de chœur remarquables et très complets. C'est vrai que ce n'est pas toujours le cas chez nous où les instruments de chœur ne possèdent que le strict minimum pour accompagner les fidèles.

Je ne sais pas pourquoi, de tous temps, les facteurs ont conservé cette pauvreté de timbres aux orgues de chœur, spécialement en France, c'est un peu dommage car on peut avoir envie de colorer un accompagnement. Je ne parle pas du plain-chant, car il se suffit à lui-même sans accompagnement d'orgue, mais pour tous les autres chants.

Vous m'aviez apporté un enregistrement de Jean Guillou sur l'orgue de l'Alpe d'Huez. Cet orgue est remarquablement équilibré avec peu de jeux. À partir de cet orgue, j'ai imaginé un compromis possible pour l'orgue de chœur. Voilà ma suggestion pour un orgue de chœur, il est très complet. Trois fonds de 8 pieds aux manuels suffisent largement pour un orgue de chœur, ce qui permet d'utiliser le budget à d'autres couleurs sonores.

GRAND ORGUE		RÉCIT	
Montre	8	Flûte	8
Flûte harm.	8	Flûte harm.	4
Flûte	2	Larigot	$1\frac{1}{3}$
Sesquialtera	II rangs	Trompette	8
Basson	16	Plein-jeu	III-V rangs
Mixture	IV rangs		

PÉDALE		
Soubasse	16	
Quinte	$10\frac{2}{3}$ (sur la soubasse)	
Flûte en bois	4	
Harmoniques	II rangs	
Basson	16	(Grand Orgue)

On a ici très peu de jeux, il faut orchestrer pour établir des mélanges intéressants. Avec une composition comme celle-là, on peut jouer un très vaste répertoire à condition de savoir colorer et registrer.

***

OG. – Lors des travaux de 1982, on avait descendu l'orgue de chœur de sa tribune. Je me souviens que vous êtes allé essayer l'orgue de chœur un soir.

OM. – Oui c'est vrai, j'ai essayé un soir ce joli petit instrument de Cavaillé-Coll qui n'a pas été modifié. Je trouve que les orgues de chœur devraient être un peu plus riches en « couleurs ». Comme tous les Cavaillé-Coll, la pression de vent étant assez élevée, l'orgue est un peu dur à jouer avec virtuosité.

OG. – Souhaiteriez-vous d'autres Mixtures ou anches pour le petit orgue de chœur de la Trinité ?

OM. – Pas nécessairement, à moins d'intervenir en coloriste. Dans ma jeunesse j'ai très souvent joué cet orgue de chœur à l'époque où il était en tribune au-dessus de l'autel. Il fallait courir le long du triforium pour aller de l'orgue de chœur au grand orgue, quelques fois, j'ai même fait ce trajet à vélo. Je ne le faisais que lorsqu'il n'y avait personne au petit orgue. On donnait des messes de Mozart, Schubert ou Palestrina.

***

OG. – Quels conseils donneriez-vous aux organiers de demain ?

OM. – Malheureusement, ils sont prisonniers de l'administration, qui n'a pas de compétence en art. Il faut qu'ils travaillent aux couleurs sonores. Ils doivent avoir un grand respect pour les instruments du passé mais ne pas s'en tenir là. Il est beau de construire une copie d'un Cliquot, mais c'est restrictif. Il ne faut rien céder à la qualité pour les restaurations.

Lorsqu'ils peuvent se libérer des contraintes, il faut essayer de créer de riches palettes sonores, même avec de petits instruments.

Il faut proposer des combinaisons sonores sans qu'on ait plusieurs fois les mêmes jeux. Il faut avoir des étagements harmoniques bien construits. Ne pas oublier qu'il ne faut pas privilégier l'aigu au détriment du grave. Le son des jeux de basses doit être généreux pour diffuser des sonorités amples et profondes. Certains facteurs sont excellents dans un domaine et d'autres sont fameux ailleurs. Dans certains cas, ils devraient s'associer pour mener certains chantiers. Ils doivent mettre leur métier en valeur et se faire reconnaître. C'est peut-être utopique, mais il serait plus sain que toutes les querelles entre les différentes écoles cessent un jour au profit de l'art… Le grand Cavaillé-Coll n'était pas le meilleur des harmonistes. Mais il sut s'entourer des meilleurs artisans, comme les frères Reinburg par exemple.

Rien ne vaut une belle œuvre d'art, qu'elle soit en peinture ou en musique. Les facteurs doivent avoir leur propre personnalité, sans compromis.

Faisons en sorte que les facteurs se rencontrent, s'estiment et partagent leurs compétences.

Les Grandes Orgues de l'église de la Sainte-Trinité à Paris*

Le grand orgue de l'église de la Sainte-Trinité a été construit, en 1868, par Aristide Cavaillé-Coll. Après les événements de la Commune, l'orgue ayant été détérioré, Aristide Cavaillé-Coll le reconstruisit entièrement en 1871. C'est à cette époque qu'Alexandre Guilmant fut nommé titulaire de l'orgue : il occupa ce poste jusqu'en 1901. De 1902 à 1929, l'orgue fut joué par Charles Quef. En 1930, le titulaire fut Olivier Messiaen, le signataire de ces lignes. Du temps de Charles Quef, une première restauration de l'orgue avait été faite par Charles Mutin. En 1934, une seconde restauration fut confiée à la société anonyme Pleyel-Cavaillé-Coll, qui ajouta, sur ma demande, sept nouveaux jeux, et une machine pneumatique au positif. Enfin, une troisième restauration fut effectuée, de 1962 à 1965, par la maison Beuchet-Debierre, sous la direction de Joseph Beuchet père, harmonisation par Michel Mertz, entretien par Jean Perroux et Eugène Picaud père (dont le fils Jacques Picaud, continue le travail). Toujours sur ma demande, de 1962 à 1965, les transmissions de l'orgue furent électrifiées, une console neuve à trois claviers fut installée, huit nouveaux jeux furent

* Olivier Messiaen a gracieusement offert ce texte à l'église de la Trinité et aux paroissiens.

ajoutés et, en 1966, l'instrument fut doté d'un combinateur électro-mécanique à six combinaisons générales ajustables.

Tel qu'il est actuellement, le grand orgue de la Trinité est un chef-d'œuvre. On a conservé, bien entendu, les jeux originaux du grand facteur Aristide Cavaillé-Coll, et j'ai beaucoup insisté personnellement pour que le timbre admirable de ces jeux soit respecté. Mais les nombreux ajouts faits au cours de chaque restauration ont considérablement enrichi l'instrument en mixtures (pleins-jeux, nazards et tierce) et en batteries d'anches très complètes. De plus, l'électrification et les combinaisons générales ont permis une attaque plus rapide et des changements de couleurs plus fréquents et plus variés.

Cependant, les beaux timbres restent ceux de Cavaillé-Coll : les montres, les flûtes, les anches très puissantes, l'extraordinaire basson 16, et le merveilleux quintaton 16 du positif : tout cela a été conçu par Cavaillé-Coll.

On a souvent rapproché les grandes orgues de l'église de la Sainte-Trinité de celles de la basilique Sainte-Clotilde (dont les titulaires furent César Franck, Charles Tournemire, et actuellement Jean Langlais). Il est certain que les deux instruments sont frères, et d'ailleurs Aristide Cavaillé-Coll les a construits à peu près à la même époque. Mais leurs qualités diffèrent, et l'acoustique des deux églises n'est pas la même.

Il existe dans le monde beaucoup d'instruments plus grands que l'orgue de la Trinité. Je cite au hasard : le grand orgue de la basilique de l'Immaculée-Conception à Washington, USA (The

National Shrine of the Immaculate Conception), le grand orgue de la Cathédrale Saint-Jean à New York, USA (The Cathedral Church of Saint John the Divine), les très grands instruments français : Saint-Ouen de Rouen, Notre-Dame de Paris, le Sacré-Cœur de Montmartre et le grand orgue de Saint-Sulpice (où furent organistes Charles-Marie Widor et mon maître Marcel Dupré). Tous ces orgues sont magnifiques, grandioses. L'orgue de la Trinité les égale en puissance, en majesté, et les surpasse peut-être par le mystère et la poésie. Et le fameux « quintaton 16 » du positif de la Trinité est sans doute unique au monde : je n'ai entendu nulle part ailleurs un timbre de cette qualité. D'autre part, on peut tout jouer à la Trinité : il ne s'agit pas seulement d'un orgue romantique sur lequel ne seraient possibles que des toccatas fracassantes ou des suavités à la César Franck – l'instrument étant doté de nombreuses mixtures, il convient parfaitement à Cabezon, Frescobaldi, Nicolas de Grigny –, la beauté de ses cornets (et spécialement le cornet du positif qui est le cornet solo de l'instrument) se prête admirablement aux chorals ornés de Jean-Sébastien Bach, et le fait que chaque jeu soit extraordinairement « typé » sert à merveille la musique moderne, de Marcel Dupré et Charles Tournemire aux contemporains les plus avancés.

Quelques remarques supplémentaires :

Le récit est pourvu d'une boîte expressive fermant beaucoup, donc très efficace, et faisant de ce clavier un clavier double : tous les jeux pouvant être fortissimo et pianissimo, avec toutes les nuances intermédiaires.

Le positif possède également une boîte expressive, qui enclôt : la clarinette, tout le cornet décomposable (cor de nuit, flûte 4, nazard 2⅔, flageolet 2, tierce 1⅗), et le piccolo 1.

Les flûtes sont rondes et moelleuses, les fonds sont très nobles, les petites mixtures sont piquantes et très caractérisées, les cornets « portent » beaucoup, les pleins-jeux sont brillants, les anches sont éclatantes et très fortes. L'association gambe-voix céleste est ravissante dans le pianissimo. Le hautbois du récit est fin : on peut le jouer en accords, ce qui est rare. Le basson 16 du positif est très puissant, il possède un timbre profond, extraordinaire dans l'extrême grave et peut évoquer à merveille le dragon Fafner ou la bête de l'Apocalypse. À l'opposé : le nazard 2⅔, l'octavin 2, la tierce 1⅗ au récit, le piccolo 1 du positif et la flûte 4 du grand orgue, peuvent donner de superbes chants d'oiseaux, et retrouver toute la virtuosité et la brillance de la fauvette à tête noire, de la grive musicienne, du rossignol. Il me reste à parler du quintaton 16 du positif : c'est le timbre le plus original et le plus poétique de l'orgue. Marié au nazard 2 ⅔ dans le registre aigu, il donne des soli d'une incomparable beauté; les arabesques mélodiques, les volutes les plus fantaisistement dessinées prennent sur ce jeu un charme, une douceur, une force d'envoûtement uniques.

L'orgue de la Trinité possède trois claviers manuels (récit, positif, grand orgue) et un quatrième clavier qui est le pédalier ou clavier de Pédale. En plus des six combinaisons générales (qui permettent des changements de couleur instantanés aux quatre claviers), il est pourvu d'une pédale de crescendo, qui monte par graduations successives du pianissimo au fortissimo.

Le tutti de l'orgue de la Trinité est extrêmement puissant, écrasant même, mais sans dureté : il est parfaitement approprié à l'acoustique du lieu.

Je viens d'écrire le mot « acoustique ». Nous terminerons sur cette notion. Dans les églises, l'acoustique joue un rôle considérable. Lorsque la nef est trop grande, les colonnes trop nombreuses, les ornements en saillie, ce rôle peut être néfaste : les sons se chevauchent, les harmonies sont brouillées, et une partie de la musique se perd dans la confusion. Si la nef est trop petite et les ornements inexistants, la sonorité maigrit, s'assèche, et perd toute poésie. À la Trinité, les proportions acoustiques sont bonnes : pas de sécheresse, pas de brouillage, mais une quantité suffisante d'« aura » et de rebondissement du son pour assurer la poésie harmonique en même temps que la précision des attaques. Si l'organiste sait doser ses registrations et ménager, de temps à autre, les silences nécessaires, toute la musique « passe » et « sonne » dans le fracas le plus tonitruant comme dans les détails les plus mystérieux et les plus lointains.

Olivier Messiaen
1980

Annexes

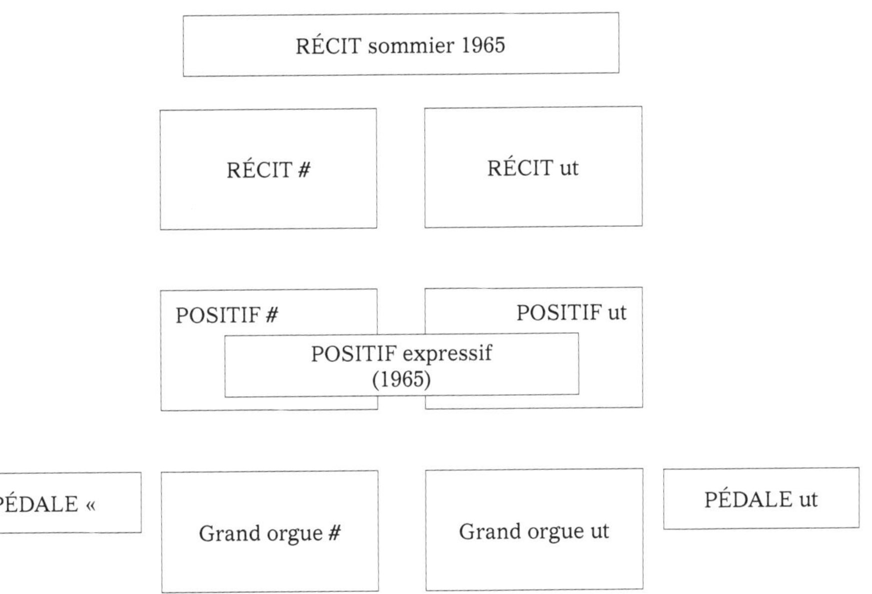

Schéma de la répartition des jeux de l'orgue à la Trinité

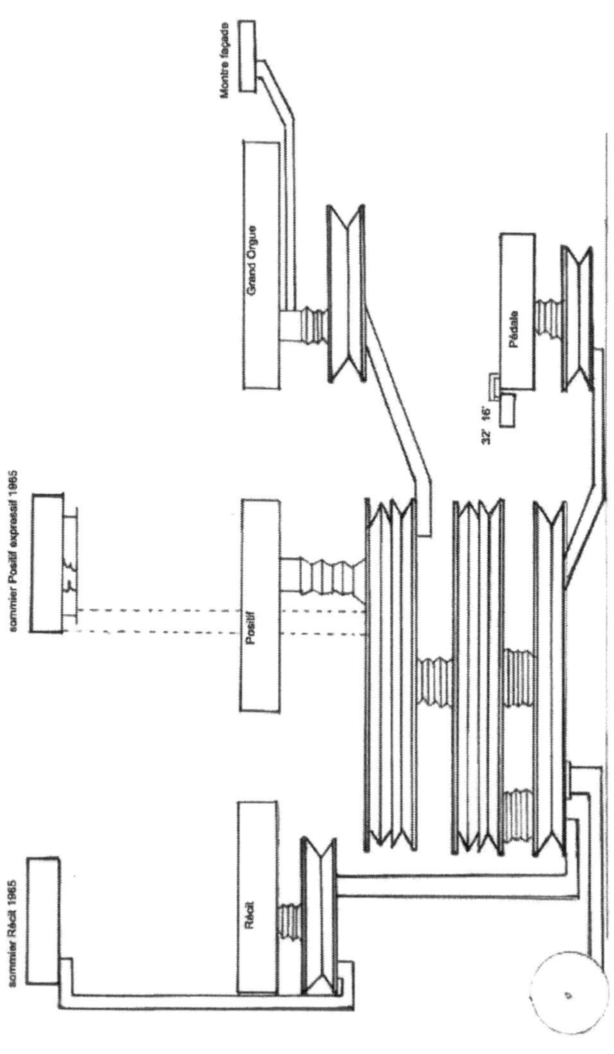

Plan en coupe de l'orgue Cavaillé-Coll de l'église de la Trinité

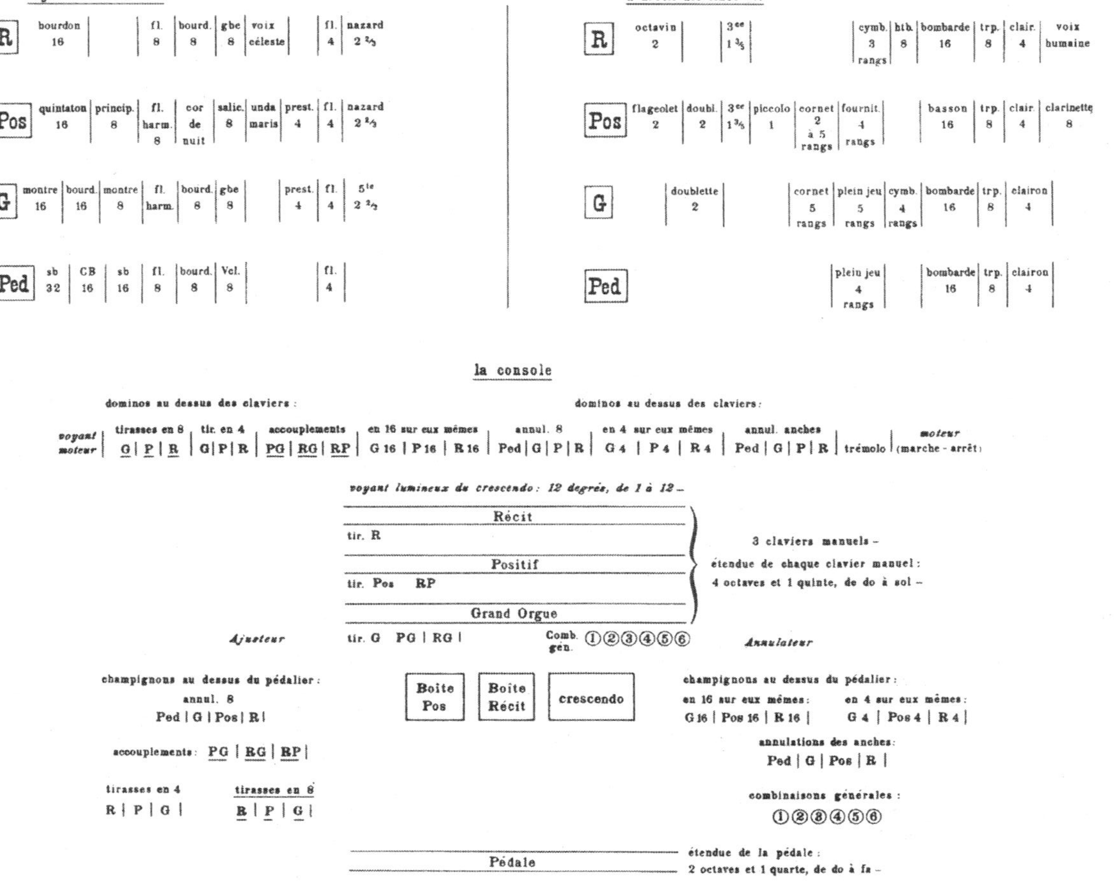

Plans des jeux de l'orgue tels qu'ils apparaissent devant l'organiste à la console

Bibliographie succincte sur Messiaen et l'orgue

Anik Lescure et Claude Samuel (dir.), *Olivier Messiaen. Le livre du centenaire*, ouvrage collectif, éditions Symétrie, 2008.

Olivier Messiaen, *Traité de rythme de couleur et d'ornithologie*, Paris, Éditions musicales Alphonse Leduc, 1994-2002, 8 tomes. Le tome III en particulier, comprenant le *Livre d'orgue*.

Claude Samuel, *Permanences de Messiaen, dialogues et commentaires*, Arles, Actes Sud, 1999.

Claude Samuel, *Olivier Messiaen en Dauphiné*, Patrimoine en Isère, 2009.

Inventaire des orgues d'Île de France, Klincksieck, 2001.

Pierre Dumoulin (éd.), *Guide de l'orgue et de l'organiste en Île-de-France*, Klincksieck, 1997.

Index

Remerciements

À mes amis Jean Leduc, éditeur de Messiaen, Pierre Labric, grand organiste, qui me soutient depuis 1978.

À Jean Guillou, maître dans l'art de registrer et d'équilibrer les couleurs sonores. À Thomas-Daniel Schlee, interprète et compositeur, pour nos bons souvenirs à la Trinité.

À mes amis Arnaud de Beauregard et Vincent Crosnier, exceptionnels musiciens; Bernard Dargassies et Bernard Raupp, organiers, pour leur talent et leur aide précieuse. À mon ami James-David Christie, organiste et professeur à l'Université d'Oberlin-USA.

En souvenir de Jean Bonfils, assistant de Messiaen, toujours dans la discrétion et l'humilité; de Jeanne Loriod, celle qui fit entendre le chant de l'Ange musicien; de Jean-Jacques Grunenwald pour son amitié et son soutien alors que je débutais.

O. G.

Jean Tain et Michel Archimbaud tiennent à remercier Jean-Marc Loubet pour son soutien éditorial.

Table des matières

Ce volume,
publié aux éditions Klincksieck
a été achevé d'imprimer en août 2014
sur les presses de l'Imprimerie SEPEC
01960 Péronnas

IMPRIM'VERT®

N° d'éditeur : 00190 — N° d'imprimeur : N04705140801
Dépôt légal : septembre 2014